如何
高效阅读

（纪念版）

［美］彼得·孔普（Peter Kump）著
张中良 译

BREAK-THROUGH
RAPID READING

机械工业出版社
China Machine Press

图书在版编目（CIP）数据

如何高效阅读（纪念版）/（美）彼得·孔普（Peter Kump）著；张中良译．—北京：机械工业出版社，2017.7（2024.3重印）

书名原文：Break-Through Rapid Reading

ISBN 978-7-111-57286-2

I. 如… II. ①彼… ②张… III. 读书方法 IV. G792

中国版本图书馆 CIP 数据核字（2017）第 135324 号

北京市版权局著作权合同登记　图字：01-2015-0871 号。

Peter Kump. Break-Through Rapid Reading.

Copyright © 1999 by Penguin Group (USA) Inc.

Chinese (Simplified Characters only) Trade Paperback Copyright © 2017 by China Machine Press.

This edition arranged with Penguin Group (USA) Inc. through Big Apple Tuttle-Mori Agency, Inc. This edition is authorized for sale in the Chinese mainland (excluding Hong Kong SAR, Macao SAR and Taiwan). No part of this book may be reproduced or transmitted in any form or by any means, electronic or mechanical, including photocopying, recording or any information storage and retrieval system, without permission, in writing, from the publisher.

All rights reserved.

本书中文简体字版由 Penguin Group（USA）Inc. 通过 Big Apple Tuttle-Mori Agency, Inc. 授权机械工业出版社在中国大陆地区（不包括香港、澳门特别行政区及台湾地区）独家出版发行。未经出版者书面许可，不得以任何方式抄袭、复制或节录本书中的任何部分。

如何高效阅读（纪念版）

出版发行：机械工业出版社（北京市西城区百万庄大街22号　邮政编码：100037）

责任编辑：朱婧琬

责任校对：李秋荣

印　　刷：北京建宏印刷有限公司

版　　次：2024年3月第1版第14次印刷

开　　本：147mm×210mm　1/32

印　　张：10.125

书　　号：ISBN 978-7-111-57286-2

定　　价：59.00元

客服电话：(010) 88361066　68326294

版权所有·侵权必究
封底无防伪标均为盗版

{ 推荐序 }

感谢这个时代,阅读越来越被重视。前几年还有人撇撇嘴大谈"读书无用论",这几年,不论是身边还是在互联网上,秉持"读书无用论"的朋友越来越少了。

即使是阅读量不那么大的朋友,也都在说自己要多读点书,然后不好意思地笑一笑,从自己身上找个原因。

"可是我脑子不够""可是我没有耐性""可是我静不下心",最多的理由是"可是我没有时间"。

他们的时间用在哪里呢?

在工作,在挣钱,在上课,在考试,在养娃,在生活。

读书?没有时间。

在终于摆脱了"读书无用论"之后,似乎我们又走向另一个极端。我们会认为读书太高了,太远了。是诗,是远方,是终极救赎,是我们已经把俗事料理完后,焚香沐浴才有资格开始的仪式。

我其实今年才知道 4 月 23 日是"世界读书日"。在我看来,这完全不是阅读的光荣,反而证明阅读在今天的处境略显尴尬。

之所以为某个特定的行为来定一个纪念日，往往是因为在我们的生活中，这种行为是缺失的，至少还不够。有"世界粮食日"，恰恰是因为这个世界上还有饥荒的存在。而我们却没有专门要定一个"吃饭日"。百度了一下，发现已经有"世界呼吸日"了，果不其然是中国媒体发起的，毕竟好好呼吸已经渐渐成为奢侈品了。

我们不应该在一天关注阅读，然后在另外 364 天忽略它。理想的状态应该是像吃饭一样，每天三顿，而不必专门定个日子，大家一起来呼吁吃饭。

虽然一直在说书籍是精神食粮，但其实和真正的物质食粮相比还差很多。而解决的办法其实也很简单，就是真正将书籍看成物质食粮，用吃饭的态度来读书，怎么好好吃饭，就怎么好好读书。拓展开来，大概是以下四点。

第一点是"饮食规律"。

如果每天吃饭的时间不规律，我们很难有一个强健的胃。上一顿暴饮暴食，下一顿直接忽略，怎么看也不是健康的生活习惯。每一位营养学家都会建议我们吃饭要规律。

阅读也是一样，一个成熟的读者应该争取每天抽出固定的时间来读书。用习惯驱动自己，让自己在不经意间变得更美好。至于这段固定时间的长短，我认为反而不必刻意求多，说句实话，能保证每天读书的时间和吃饭的时间一样长就可以了。

第二点是"营养均衡"。

碳水化合物、脂肪、蛋白质、维生素、微量元素，我们每个人都力求让自己的饮食结构尽量多元化，以保证摄入足够丰富的营养物质。

阅读也是如此，阅读结构太单一，就会让我们难以对阅读保有始终如一的热情。过度追求趣味性，最终会让我们疑惑阅读能否让自己变得更美好；过度追求实用性，最终又让我们的阅读体验变得日益枯燥，最终难免想逃离。

阅读的优势就在于它在各个领域都能高效地为我们传递信息、体验和经验，无论是理性的还是感性的。所以，如果你在生活中摄入的书籍种类越多，如果你将阅读带入自己生命中的领域越多，你才会越来越体会到书籍为自己带来的改变，你才会更加相信阅读、依赖阅读、热爱阅读。

第三点是"坚持运动"。

要想练出健美的肌肉，离不开大量蛋白质的摄入。可是想单单依靠吃牛肉就能吃出八块腹肌，那纯粹是在做梦。

阅读也是如此，我们经常会有的一个误解就是将阅读当作终点，认为把书翻完就完。而这就像只吃饭不运动一样，不会让你变得更健康。阅读以外，你还需要更多。

阅读很棒，但不是万能的，也有自己的局限性。好书就像地图，为你指出一条明路，帮助你更快到达自己想去的地方。但是地图不能代替你走路，看得再多，你依然站在原地，只有真正迈开你的腿，才能一步一步接近自己想去的终点。

阅读借助"行动"，让你的外部状态发生改变。

我另有一个偏激的观点，阅读本身只是理解作者意图的过程，理解得再透彻，那也并不是你的。而只有通过"输出"，才能真正将书中的思想内化到自己的知识体系中来。

在学校，我们学到的理论要通过做题来消化；在社会，我们了解的道理要通过做事来消化。机械地记忆，只是囫囵吞枣；只有将书中所得真正变成自己的行动，才算完全消化。

阅读借助"输出"，让你的内部状态发生改变。

经常听见有人抱怨，为什么读过很多书，却感觉自己没有变化；听过太多道理，却依然过不好一生。和抱怨吃了牛肉，为什么没有腹肌的人是一样的，他们都缺少了关键的一步——行动。

第四点是"享受美味"。

很多时候我们吃东西就是为了享受味道，而不是执着于这盘宫保鸡丁能帮助我们增加哪些营养元素。很多时候，我们吃东西，很单纯就是因为它好吃。

阅读也是如此，如果能不执着于"开卷有益"，也追求"开卷有趣"，我觉得在境界上就更上了一个台阶。

这并不是与之前的论述矛盾，更多的是拓展。我们永远在营养和美味之间平衡自己的饮食，我们也不妨在"有益"和"有趣"之间找到自己的阅读平衡点。

写了这么多，其实只是想说，阅读并不高于生活，也不低于生活，它应该就像吃饭一样，成为生活的一部分。用吃饭的态度去读书，让日日都是读书日。

经常有人问我，像自己这种年纪／年级／性格／工作／收入／颜值／脸型（别笑，真的）的人，应该读哪本书。

我的答案是，以你最想要解决的问题作为阅读的领域。

你心中的这个问题，也许很远，也许很近，也许很细碎，你可能都不好意思把它说出来。没关系，就以它作为你阅读的起点。

在你在乎的地方充实你的知识体系，在这样的过程中，你才会对书籍产生信任，你才会相信它能让你发生改变。

即便你真心希望书能带你去那个诗和远方的世界，也不代表你不需要借助书的力量，先料理眼前的苟且。被太多铁链拴住，你走不动；被太多只手拉住，你跑不快。眼前现实的问题要解决，而你却希望读一读柏拉图或老子就让问题灰飞烟灭，那不是相信阅读，那只是你和阅读互相之间的辜负。

越早相信这一点，你反而会越轻松地斩断锁在身上的铁链，越轻松地跑向那个"诗和远方"。

除了在战略层面进行观念的转变，在阅读的战术层面，我们也难免会遇到很多问题。如何提升阅读速度，如何避免阅读之后记不住，如何更快理解书中的理念，如何制订阅读计划，如何针对不同类别的书籍选择适当的处理方法。这些问题往往困扰着很多朋友，也成为他们身上的铁链。

《如何高效阅读》就是一本能帮助你斩断身上一些铁链的书。作者通过简单易学的方法和循序渐进的指导，带领我们一步步走上阅读的快车道。他让你相信，阅读也像跑步、游泳、自行车一样，可以通过科学的练习，让速度越来越快，让自己在这个过程中越来越轻松。本书将阅读的技术拆解成了一个个的小技能点，既方便重点突破，也可以全面提升，最终帮助我们达到一天阅读一本书的速度。

在这个时间越来越成为珍贵自由的时代，让自己学会高效阅读，可能是最重要的技能。

每天努力生活，也不妨抽一点时间读书。既要读得有方向，也要读得有方法。在心中找到一直萦绕的那个问题，在书中找到它的答案，在这样的过程中，你已经成为更好的自己。

这才是阅读和生活的意义，不是吗？

陈章鱼

知名自媒体，知乎53万关注的读书人

{前言}
高效阅读意味着什么

在家学习短短的 6 周时间，不仅你的阅读速度能提高 3 倍，同时还能得到更好的理解能力、更深刻的记忆与回忆能力。

8 分钟跑 1.6 千米并不难，因为世界上最快的运动员用不了 4 分钟就能跑完。

要是你擅长游泳的话，看 100 米游泳比赛时就会轻易发现，冠军比你快不了一倍。

有些人的阅读速度可以比你快 3 倍、5 倍甚至 10 倍。事实上，只要有图书刊印，总会有那么一部分人能以难以想象的速度翻阅图书。

你可能听说过约翰·肯尼迪就是这样一位速读者。西奥多·罗斯福在白宫时习惯每天早餐前读一本书；奥利弗·温德尔·霍姆斯能一边向最高法院走一边读书，而且随后还能极为详细地说出书中的内容。上面说的只是几位名人速读者。当然，还有许多普通人能轻松地速读图书与杂志。

高效阅读突破

20世纪40年代,高效阅读经历了第一次重大突破。盐湖城的一名老师发现了如何把普通读者培养成超速读者的方法。自此,成千上万人通过学习成功地把阅读速度提高了3倍,并提高了理解技能。可如果要在教室内学习如何高效阅读,学生还要缴纳成百上千美元的学费。

现在,本书首次提供了一种全新的自学模式,让你在简单易学的练习与训练中获得革命性的阅读技巧。这些自学方法的背后是长达4年的精心研发与测试。你可以利用业余时间在家学习。想想都知道这意味着什么,一切能想到的写作题材以及浩瀚的图书都在你的指端,而且短短几周就能完成。

毫无疑问,生活当中,你几乎每天都会面对成百上千万字的书籍。回到家后,你可能想阅读报纸期刊、学习资料、商业信函、研究报告以及图书,却无奈地被掩埋在浩如烟海的出版物之中。要知道,过去10年刊印的出版物要比之前所有印刷时代的出版物都多,而且每天都在增加。有了这些新方法,你将找到成为世界上阅读最快的读者之一的秘诀。

你将学习一些高效阅读技巧

你会发现如何才能巧妙地阅读。巧妙地阅读能让你的阅读速度快得超乎想象。你将学会什么时候加快或放慢速度。你还将学习到所有"会读书"的读者掌握的阅读技巧，以一种不敢想象的速度获取信息。

你会学习如何记住阅读的内容。你可以在数秒之内集中注意力，并开始清晰地思考和组织你的日常阅读。这能为你的业余爱好提供相当多的空闲时间。随着阅读材料的增加，你的朋友、家人甚至你都会对自己刮目相看。

遵照本书中经过实践验证的方法，你将发现自己大脑的潜力会得到最大限度的发挥。更重要的是，书中有阅读文章让你马上应用学到的阅读技巧。

今天就开始吧！本周结束时，你的阅读速度就能提高至少30%。这意味着你用过去阅读30页内容的时间能阅读40页。不用借助任何设备或花招，你就可以学会控制自己内在的阅读节奏，然后开始使用突破性的实践训练。实践训练让数十万人在短短几天内双倍或三倍地提高了阅读速度。

你将揭开作者写作模式的秘密。毫无疑问，这有助于你更快地阅读。你开始咀嚼有难度的抽象材料，还会探索许多不同的阅读方法。

你的态度也能影响你的阅读速度。此外，你还将发现能采取什么应对办法。本书有4章内容专门讲解阅读学习、如何利用最新的方法更快更好地学习。最新方法让许多学生利用别人学习的一半时间就取得了最好的成绩。学习瞬时阅读报纸能让你一天不止阅读一本、一周不止阅读两本杂志。此外，更令人不可思议的是，还能一天读一本书，甚至更多。

我如何成为速读者

让我告诉你,我是怎样开始快速阅读的。1966年,我还在为自己研究生院的阅读课程犯愁。后来,我看到一期电视节目,一个年轻人手指掠过页面,每分钟竟然能阅读上千个单词。我马上打电话预订了一个座位,事后才知道那是最后一个名额。那是周六早上开讲的伊芙琳·伍德动态阅读课程。短短数周,我的阅读速度竟提高了5倍。我在学校很容易就跟上了阅读课程。事实上,随着课程学习变得十分轻松,我还从事了一份全职工作(受邀加入了动态阅读机构)。

1967年,我遇到了伊芙琳·伍德,一位做事专一的成功女性。她大部分的时间都用来帮助别人通过读书来丰富生活。我从她身上学习到组织大脑快速阅读的能力。数年后,我不仅把这项惊人的技能教给了白宫的总统雇员,而且在伊芙琳·伍德的个人邀请下成为伊芙琳·伍德动态阅读教育机构总裁。

离开动态阅读教育机构后,我决定探索一种速读技巧的自学方法,帮助那些急需方法却无力承担昂贵课堂费用的人。本书代表了一种全新的自学模式,书中的练习与训练尤其适用于单独工作的人。训练部分让你能按照自己的进度在要求的时间内学习。你将发现,这个最好的快速阅读课程内容以及本人在工作中发现的理论与技巧在别处都找不到。

长期守口如瓶的速读秘密第一次公之于众。通过阅读本书,谁都能掌握高效的速读技巧与原则。本书还可用于大学生的阅读课程,以便学生继续提高和优化阅读技能,或者审阅需要进一步学习的领域。

由于已经成功地教会了成千上万人掌握速读,本人自信除此之外再无更好的提高阅读技能的方法。有了本书，你就可以通过自学突破阅读技巧，重要的是在极短的时间内就可以做到。

突破快速阅读的法门现在就捧在你的双手之间。你即将改变自己的阅读方式，从而改变生活。

彼得·孔普

{ 目录 }

推荐序

前言 高效阅读意味着什么

001 第1章 节省时间从今天开始

高效阅读是一项技能 //002
成功的技能学习 //002
大龄学员都做到了 //003
好的读者是灵活的读者 //003
你将学到什么 //004
如何开始高效阅读 //005

007 第2章 测试阅读速度，找到自己的位置

计时阅读 //008
自测 //008
计算你的阅读速度 //009
评估你的记忆力 //010
不断更新你的进步文件 //011
评估你目前的阅读技能 //011
确保你做好开始的准备 //012

如何控制眼睛运动 //013

015　第 3 章　开始使用你的内在阅读加速器

阅读时眼睛在干什么 //015
回读会显著减缓阅读速度 //016
你应该知道的阅读条件 //016
阅读姿势 //017
阅读时如何用手 //018

022　第 4 章　消除回读，加速前进

怎样读书才快 //023
下一个关键的步骤 //023
消除回读 //024
一直用你的手指 //025
更进一步 //026

027　第 5 章　通过实践训练了解你的阅读速度

默读的三个阶段 //028
适当的练习是关键 //028
如何学习快速识别信息 //028
更进一步 //031

032　第 6 章　弄懂一个简单问题，开始提高你的理解能力

当你不能理解时 //033
段落是理解的首要关键 //033
理解能力与速度 //036

更进一步 //036
第二周实践训练 //037

043　第 7 章　不要为了阅读而阅读

第一个错误认识 //043
第二个错误认识 //044
第三个错误认识 //044
读完一遍还不够 //044
设定具体阅读目的 //046
有了阅读目的，阅读就轻松了 //046
利用这些问题来设定你的阅读目的 //047
确定你的阅读目的 //048

050　第 8 章　成为世界上阅读速度最快的人

快速阅读的秘诀 //051
新练习能进一步提高你的阅读速度 //051
阅读过程中也要提高速度 //053
达到目标很容易 //054

057　第 9 章　使用神奇之线培养更好的回忆能力

严格的理解能力测试 //057
神奇之线 //058
理解能力与速度 //060
更进一步 //062

063　第 10 章　通过不同的训练拓展阅读速度

高效线性阅读范围 //063

你的阅读速度有所变化 //064
双倍 / 三倍练习 //064
阅读与练习阅读 //066
你在做标记吗 //067
如何更快地移动手指 //067

069　第 11 章　了解作者的写作技巧有助于阅读

非小说文学的基本形式 //069
小说的形式 //071

073　第 12 章　别让翻页减慢你的速度

"刷页" //073
雨刷的神奇妙用 //076
解决非阅读问题 //076
快速翻页 //077
更进一步 //079
第三周实践训练 //079

085　第 13 章　让有难度的阅读变得简单

抽象的文章如何影响你的理解 //085
写作与说话方式 //086
抽象程度 //086
"测试"问题 //088

094　第 14 章　怎样才能快速阅读

伊芙林·伍德的惊人发现 //094
慢速读者与快速读者的不同之处 //095
如何看眼睛运动 //097

眼睛能看多少内容 //097
为何一次理解不了多个单词 //098
开始第一步 //098

100 第 15 章 学会以你想象的速度阅读

速读给你不同的感受 //101
快速阅读时如何理解 //103
不是每个单词都有意义 //103
不按顺序阅读 //103
让手动适应你的阅读 //106

108 第 16 章 快速阅读时如何理解

限制阅读速度与理解的三条规则 //108
回到 1 年级水平 //109
尽可能多地练习 //110

115 第 17 章 阅读时不要默读每个词

确保做好了继续学习的准备 //115
"分段法":新的手动方法 //116
戴上耳塞练习 //117
成功练习的两个关键 //118
你自己的方法是最好的方法 //118

121 第 18 章 目前进展如何

再次进行自测 //122
准备好下一步的学习了吗 //124
必须自我测评 //125

第四周实践训练 //126

132　第 19 章　信号词助你提高阅读速度

信号词如何助你阅读 //133
不同种类的过渡词 //133
较难材料的快速阅读 //137
掌握如何阅读信号词,提高阅读速度 //137
快速练习有助于慢速阅读 //138

139　第 20 章　阅读方法不止一种

过时的快速阅读法 //139
扫读,另一种阅读方法 //142
四种阅读方法 //143
把内疚感抛诸脑后 //144

145　第 21 章　提前组织有助于理解

从整体到部分 //146
找出作者写作的"地图" //146
难读的书通常最简单 //147
非小说预习 //148
没有明显的"地图"时 //148

155　第 22 章　改变态度,提高速度

篮球实验教会我什么 //156
阅读速度停滞不前或者下降时如何进步 //157
记住练习阅读的价值 //157

我"最好"的学生 //158
单独完成每天的练习 //159

161　第 23 章　小说通常预习得很快

利用扫读预习小说 //162
为消遣而读 //162
了解阅读问题 //163
回顾：第三步 //163

171　第 24 章　不同手动法有助你的理解

学习新的手动方法的充分理由 //172
两种手动方法 //172
用两根手指画线 //173
"Z"形手动法 //173
交叉回交法 //174
交叉回交法的练习 //175
为什么不直接垂直向下移动 //176
第五周实践训练 //177

185　第 25 章　像游戏一样学习阅读

学习过程中发生了什么 //186
大脑不能同时处理接收到的全部信息 //186
集中注意力是诀窍 //187
学习的两大法则 //187
提高注意力的方式 //188
测验你的学习方式 //188
积极地阅读 //188
"好好利用"学到的信息 //189

192 第 26 章 带着明确的目的阅读

阅读目的的差异甚大 //192
读书的目的是消遣 //193
证券经纪人发现除了速读外还有方法 //193
以聪明的方式快速阅读 //194
不能凭运气决定你的阅读目的 //194
阅读与学习的层次 //194
学习时如何确定目的 //195
不确定的时候 //196
提前画出回忆模式图 //197
如何获得正确信息 //197
最高效的学习方法都是对的 //197

204 第 27 章 制订阅读计划，让你的学习更高效

花更少的时间学更多的东西 //204
最高效的阅读 //205
学习计划 //206
阅读不是为了记住 //207

211 第 28 章 创造视觉图形助你记忆

回忆模式图与大纲的价值 //212
第二步 //212
回忆模式可以不同 //212

218 第 29 章 使用经过验证的技巧，记住更多阅读信息

改善记忆力的三个步骤 //219

创造性地组织材料 //219
大幅度关联信息 //220
比较与对比 //221
更多记录诀窍 //221
应用这一技巧 //227
总结 //227

228　第 30 章　以简单的方法阅读复杂的文章

阅读某一新领域的材料 //229
阅读抽象的材料时 //229
成功不总是意味着百分之百 //230
你的阅读速度有多快 //231
阅读测验材料 //231
第六周实践训练 //238

245　第 31 章　通过特殊训练培养快速阅读

助你放松 //245
老师不同，结果不同 //246
杯子是半满还是半空 //247
练习速度三倍于你的阅读速度 //250

251　第 32 章　即时阅读报纸

用简单的材料练习你的新技巧 //251
熟悉度让阅读更快 //252
新闻类文章的体裁最简单 //252
报纸阅读的新方法 //253
窄栏手动法 //254

XXIII

257 第33章 不要浪费时间阅读信件

规则1：只阅读一次 //258
立时评估信件的重要性 //258

267 第34章 养成每天读一本书的习惯

首先决定你想阅读什么 //268
如何阅读更多的书 //269
每天一本书的阅读方法 //269
帕特里克·布坎南在往返的航班上读3本书 //270
小说体裁 //270
《警察与赞美诗》的结构回顾 //271
名字是个问题 //273
为什么阅读小说 //273

274 第35章 保持杂志与资讯性阅读

科学地利用闲暇时间 //275
不要再强迫自己 //276
发现阅读速度放慢时 //276
以相同的方式处理非小说书籍 //278
尝试去杂货店练习 //278

281 第36章 确认你现在达到的阅读速度

设置为期6个月的计划 //282
托马斯·沃尔夫如何成为速读者 //282
一些建议 //283
实践训练续 //284

290 附录 A　如何保持一定的阅读练习速度

291 附录 B　进步文件

第 1 章

节省时间从今天开始

人们常说想学习一门快速阅读课程，但由于现有的阅读量已经很大了，无暇再参加快速阅读课程。从每天的晨报到没完没了的邮件，我们许多人一直掩埋在信息之中。如果因为需要阅读的内容太多而不能成为一名速读者，那你就应该重新考虑一下。虽然刚开始练习的第一两周会占用你额外的时间，但在两周内，你的阅读速度就可以提高得很快。除了让你练习快速阅读，还让你有时间阅读自己所需的材料。因此，如果你没时间两者兼得，那现在就是你学习节省时间技巧的时候了。

学习高效的阅读技能相对容易。每次读完本书的一章内容，并在完成简短的练习后，再进入下一章的学习。单章学时平均时长为 20 分钟，一般都不超过 20 分钟。学完前 6 章后，你会学到一节特殊的实践课。在完成 6 章学习的同时,每天还要进行实践课的学习。根据提高阅读技能的速度,你花在实践训练上的时间将不尽相同。本书共包括 6 组课程,每组 6 章,每章都配有单独的实践训练。

第一周会进行得很快。你将了解一些关于快速阅读的知识,然后对你目前的阅读能力进行测评。你将学会如何马上开始提高自己的阅读速度。本周结束时,你的阅读速度至少会提高 10%,甚至更多。当然,随着阅读速度的提高,你将以更快的速度完成本书的学习。

高效阅读是一项技能

高效阅读是一项很容易学会的技能。我们成年人的大部分学习都被认为是概念性学习,与技能培养截然不同。概念学习本身主要是一个培养对事物认识的过程,通常通过听读来实现。概念学习主要是知识性学习。对于技能培养而言,认识的过程则必须结合对学习对象的练习。有时候,进行练习时可能还没有理解,但之后你会慢慢认识学习对象。

概念学习与技能培养还有另外一个区别。学习概念性事物有时候很快就能完成,特别是对成年人而言。但对技能的培养,比如阅读,确实很复杂,不能即时习得,你应该逐一掌握阅读技能。显然,靠一晚上读完并理解本书远远不够。

成功的技能学习

学习新的技能时,最好每天进行一点练习。如果你想一下子全部学完,最终可能会理解快速阅读的法门,但还是无法做到快速阅读。要掌握本书的大部分精髓,并以最快的速度进步,建议你一次完成一章的内容,每天一章。

学习一项技能入门通常很难。人们总是倾向于把事情往后拖,特别是初次学习时。每天都要有固定的学习时间。早上最好,因为一到晚上今天的事就可能被拖到明天。在开始学习快速阅读之前,你应该确定每天能花多少时间来学习。如果学习快速阅读能成为你每天的必修课,那么你会发现自己进步得非常快。

大龄学员都做到了

我遇到过一位大龄学员,名字叫阿瑟。他原来是华尔街最著名的经纪公司的高级合伙人,最近刚退休。作为耶鲁的毕业生,阿瑟一退休就决心拿出对职业生涯一样的规划与热情来对待教育与个人发展。他认为一门良好的阅读课程是一个不错的开始。一般只有20几岁的年轻人才有他这样的活力与乐观。

谚语说老狗学不了新把戏,让年过花甲的老人培养新的阅读习惯绝非易事。但经过稍慢的开端后,阿瑟的阅读速度比过去快了3倍还多,并且能很好地理解阅读的内容。但他自称现在能够更快地提高阅读速度。对他来说,更有效地利用有价值的学习技巧比任何统计数字都重要。学完后,他甚至觉得这门课程并不像当初所设想的那么难。

一句忠告:不要先读完本书,稍后再回过头来做练习,因为一旦你知道了后面的内容再去做的话,前面的练习就失去了应有的效果。因此,在进入下一章的学习前,一定要掌握每个概念并进行实践训练。如果能这样做的话,你的阅读技能肯定会提高。

好的读者是灵活的读者

学习高效速读不仅是要加快阅读的速度,你还将学习一种全新的阅读方式。当人们问我的阅读速度有多快时,我不能用简单几个字来回复。这就好比问司机开车有多快,司机可能回答说,那得看车的状况、道路、天气、交通以及对路线的熟悉程度,还可能取决于是否急着赶往目的地。

就像司机所说,高效的读者会根据材料的难度、读物的组织结构、对题材的熟悉度以及阅读目的来决定阅读的快慢。因此,不要读任何材料都用一种方法。从开始的逐字逐句阅读到最后,你将学到许多不同的阅读方法以及在阅读时如何适应具体的目的。

你将学到什么

对于难度最大的材料,比如技术或学术性读物,程度一般的学生通过学习都能节省 1/3 或一半的时间,并能很好地理解材料。专业人员或商业人士通过学习,阅读报告、邮件、信件与专业杂志的速度能加快 2～4 倍。如果阅读是出于自己的爱好,那么你阅读大多数小说和简单材料的速度能提高到原来的 5～10 倍。

你学会的不仅仅是如何读得更快,还有如何读得更好。这包括如何在阅读时更好地理解材料、怎样记住阅读的内容、如何针对不同类型的材料决定阅读目的以及如何更好地集中注意力。阅读是一项超级复杂的技能,有许多东西要学。无论你的阅读需求是什么,只要能集中精力学习本书的课程,你将开启快速提高阅读速度的大门,在 6 周内成为一名快速且高效的读者。

谢莉·韦斯曼是位非常有天赋的读者,在数周内就成了一名速读者。一天,在一节英语课上,她的英语老师让他们利用最后 15 分钟阅读一本书的其中一章内容。每个学生都要阅读。谢莉几分钟就完成了,然后开始干起别的事来。老师发现她没在读书,但提问时谢莉说已经读完了。老师还不相信,让她到教室前面告诉大家这章讲的内容。谢莉做到了,老师还是不相信,他认为谢莉一定是在课前提前阅读了。

如何开始高效阅读

首先要做的是测试并评估自己的阅读能力。这意味着确认你的初始阅读速度，以及你能记住多少阅读过的内容。这是下一章要介绍的内容。下面让我们先来完成一个练习。

完成练习后，还有一些材料需要组合。练习1是本课程中其他练习的热身，最多用时5分钟。你需要使用进步文件（本书中的大部分练习与训练都要用到进步文件）。进步文件见本书附录B的表格。

> **练习1**
>
> 材料：本书附录B的进步文件、钢笔或铅笔（如果喜欢，你可以使用个人计算机上的Word处理程序，为此专门创建一个文件）
>
> 第一部分：假如你仅剩下6个月的生命，在余下的时间内还能阅读任意6本书，你会选择哪些？3分钟内在进步文件上列出尽可能多的书目。这些书目不是你觉得应该读的，而是你真正需要阅读的。
>
> 第二部分：利用不到2分钟的时间，列出你想要了解的更多话题或题目。

完成练习1后，你应该整理下一章所需的一些材料。我多年来发现，如果学生利用自己的阅读材料，也就是与自己感兴趣领域相关的材料来练习的话，个人的阅读问题更容易减少，课程学习的速度更快。你可以在家里、办公室、书店、报摊或在线资源中找到所有需要的材料，包括你通常阅读的图书、订购或阅读的报纸杂志，或是选择打印的在线文章。现在就开始收集整理，为你明天的自我测评做好准备。

◉ 第一周你要用的材料

1. 一支铅笔或钢笔。

2. 计时器。下列任一种都可以：带长秒针的手表或钟表；秒表；录音机或任何能记录1分钟区间的计时器。如果你喜欢，还可以使用计算机上的钟表。

3. 一本供自测用的书。应该是一本你没有读过的书，优选一般题材或传记类的读物。尽量避免小说与说明类书籍；杂志的文章一般都短，因此一般不是自测的理想之选。

4. 另外自选一本书，你感兴趣的任何一类书都可以，但难度不要太大，你曾经读过的书也可以。

5. A4规格的纸张（或者在计算机上打开一个文件跟踪你的速读进度）。

在准备上述各项时，你还应找出在练习1中列出的书目。尽管练习中假定你要用6个月阅读这些书，但很可能你在未来6周内就能读完这些书。要是你手里没有这些书，那就去当地的图书馆、最近的书店寻找，或者在线预订。这些书你可能不会一次都用到，但当你真正需要时，应该随时可取。

有了本周需要的材料后，你就做好了学习下一章的准备。如果你已经完成，那么每天选择固定的时间来学习，然后做好明天同一时间继续学习的计划。

第 **2** 章
chapter2

测试阅读速度，找到自己的位置

很多人都觉得自己的阅读速度很慢，但又不知道读得究竟有多慢。现在你将学习测评阅读速度以及衡量自己记住了多少内容的方法。如果能使用经常阅读的材料类型的话，得到的结果会更准确，比如，非小说文学作品、课文、商业报告、小说等。

要是想获得对自己的阅读技能更全面的了解，你应该使用不止一本书进行自测。这样的话，第二本书同第一本书就能进行对比，比如第一本书优选的是非小说文学作品，第二本最好是小说或传记。如果打算使用多本书进行自测，你会发现自己阅读能力的波动。这是因为大多数人总是对某一领域了解得更多，而你的阅读速度通常能反映这一点。

计时阅读

自测时,阅读 3 分钟时间,你要知道 3 分钟时间什么时候到。要计时并不难,比如使用秒表来计时:阅读开始时按下秒表,中间不断扫视,直到 3 分钟时间结束。

使用录音机的话,采用下列方式记录 3 分钟时段。

录下:准备好了吗?开始阅读。
然后是 3 分钟的无声阶段。
最后录入:请停止阅读。

要是使用带长秒针的手表或钟表的话,把手表或钟表放在你容易看到的地方,等秒针到 12 时开始阅读。中间不断扫视秒针,直到阅读时间结束。稍微超过或不足 3 分钟都无须担心,几秒钟的差别不会产生多大影响。很快你就会觉得这很容易操作。还可以让你的朋友为你计时,但这样的情况也就那么几次。

要是你有计算机就更好了,使用计算机上的计时器。

自测

测试用书、钢笔或铅笔、计时器准备好后,你就可以开始了。在进行阅读测试时,尽量以平常阅读特定类型材料的速度进行阅读。不要像读小说那样略读一本教科书,也不要为了应付测验而去阅读小说。

遵照下列步骤进行自测。

◉ 开始阅读评测

说明:认真读完下列 4 个步骤。全部理解后,返回到步骤 1,然后开始。

1. 选择自测用书的一部分，约 10 页你没有读过的内容。
2. 以尽可能快的速度阅读 3 分钟。用你的计时器进行计时。
3. 3 分钟到后，用铅笔或钢笔标记下你读到的位置。然后合上书。
4. 单独准备一张纸，在左边编号 1～20，对你阅读的记忆力进行评估。在纸上记下你能记住的所有内容，不要回头翻阅读过的内容。假如你已在计算机上创建了一个文档，在你的 Word 中另创建一个文档。你可能要用时 6 分钟，用你的计时器。（测试开始前，在 3 分钟时间到时使用录音机记录下整个 6 分钟的阅读过程。）

计算你的阅读速度

遵照下列步骤，你能很容易得出自己每分钟的阅读速度。

第一，你须找出书中每行的平均字数。数一下任意 3 个整行的字数，然后除以 3。比如，如果 3 个整行的总字数是 33 个，平均每行的字数就是 11。但如果一共是 31 或 32 个字，那么每行字数应计为 10，因为确定字数时四舍五入更精确。

第二，在分配的时间内数一数你阅读的行数。你必然会遇到一些不足一行的情况，此时每两个半行计为一行。只有一个或两个字的行应忽略不计。如果一行就差一两个字就满行的话，则计为一行。

第三，用总行数乘以每行的平均字数，得出你阅读的总字数。

第四，然后再用阅读的时间去除阅读的总字数，得出你每分钟的阅读速度或者叫作 WPM。

● 得出你的阅读速度

1. 首先找出每行的平均字数：
(a)_____每行字数
2. 其次，计算阅读的总行数：
(b)_____

3. 用 a 乘以 b 得出总字数。
(c)_____
4. 用阅读的分钟数除总字数。
_____阅读速度

第一节课上,我让每个人都带了一本简单的书,让学生以最快的速度阅读一分钟。每分钟能阅读 400 个单词的速度就相当快了,即便是他们不用刻意记住材料,不需要进行测试或写报告等。很明显,从他们痛苦的表情就能轻易看出,他们已经尽了全力。上了几节课后,这样的速度已经变成了他们当中的最慢阅读速度,而课程结束时重新进行测试时,每个人都惊呆了,不是因为他们现在的速度有多快,而是先前最快的速度现在看起来竟然是那么慢。

评估你的记忆力

对你的记忆力进行评估,计算你在开始阅读评估时能记住的总字数。这一数字会告诉你能记住多少材料的内容。采用这一非正式的评估方式,就能很好地观察你的进步。在任何你想看看自己做得如何的时候,都可以使用相同的书重复这一测试,但要用不同的段落。

该测试并不对你的阅读力进行评估,因为阅读能力很难进行评估。大多数阅读测试衡量的是作者想衡量的内容,对你来说不一定重要。

要评估你的阅读能力,最简单最恰当的方法是再读一遍材料,并记下你认为应该理解记住的所有观点或细节。检查你的答卷,你是否记住了应该记住的所有内容?自己定级:良好或有待改进。即便忘记了大量细节,也不要失望,大多数人开始时都是这样。不能期望谁都能记住所有内容。就像你尝试做的那样,最难的记忆力测试就是对完全来自记忆的信息进行回忆。

不断更新你的进步文件

计算你的阅读速度,并评估你的记忆力。然而,要是你能持续记录速度与得分,在进步文件上记录下对应章节与测评的数据,随着阅读技能的培养,你将对自己的进步有更清晰的认识。(参见本书末尾。)

评估你目前的阅读技能

了解不同人在阅读速度上的差别一直是一件很有趣的事,尤其是开始学习一门快速阅读课程时。比如,下面的图表不可能做到全面衡量或者视为有效样本,却能为你提供一个不错的总体评估。

你的阅读速度	你的记忆力
每分钟不足 120 个单词,阅读速度低于平均水平	**所处水平或需要改进**:你应该通过当地大学、学校或相关机构咨询阅读专家。如果年龄不到 15 岁,你可能能从本书受益
每分钟 120~180 个单词的阅读量,你的阅读速度低于平均水平,要不就是你年龄不到 15 岁	**所处水平**:你最大的问题可能是阅读量不够。每天至少额外利用 30 分钟的时间阅读喜欢的图书或杂志 **需要改进**:除了每天需要额外的阅读时间外,你还应该计划每天练习至少一个小时,巩固理解实践训练
每分钟 180~240 个单词的阅读量,你的阅读速度属于平均水平	**所处水平**:认真学习本书后会大受裨益 **需要改进**:你应该努力学习阅读与记忆力实践训练。每天进行额外的阅读非常有价值,使用你喜欢的材料
每分钟 240~350 个单词的阅读量,你的阅读速度属于大学平均水平	**所处水平**:通过定期的练习,你能很快取得较大的进步 **需要改进**:你阅读得不是很仔细,可能是因为养成的不良习惯。通过阅读练习培养对细节的注意,能帮助你纠正不良习惯
每分钟 350~500 个单词的阅读量,你的阅读水平高于一般读者	**所处水平**:你应该很快就能取得进步。一些初期的练习对你而言可能有些简单,但请认真完成以打好基础 **需要改进**:你不能很好地控制阅读。你需要学会什么时候放慢速度。要特别留意文章的组织技巧,这方面你可能因一时冲动而忽略

（续）

你的阅读速度	你的记忆力
每分钟超过500个单词的阅读量，你是一个出类拔萃的读者	**所处水平**：开始学习的一些技巧可能会减缓你的步伐。要耐心，不久就会取得进步 **需要改进**：你可能要特别关注必要时对速度的放慢以及如何做到仔细认真。因为有大量时间可以加快速度，不要担心初始速度放慢。要特别注意对阅读速度如何调整的学习

确保你做好开始的准备

如果每分钟的阅读量不足120个单词，你可能还没做好学习本课程的准备。本书的任何内容都不会给你带来损害，但如果你没有做好准备，学习的结果可能会让你沮丧。你没有做好准备的原因有很多，比如：

- 如果你已经成年，而你的阅读速度每分钟还不足120个单词，那么或许是自测用的书太难了。如果是这样，使用简单的材料重新进行自测。
- 如果你年龄不到15岁，应该尝试每天都阅读你感兴趣的书籍或材料50分钟或以上，一两个月后再进行测试，看你是否做好学习的准备。
- 假如你阅读的是第二外语的书籍，而你每分钟的阅读速度在150个单词或以下，那你可能需要阅读更多的第二外语的书籍，以便掌握更大的词汇量。如果你要继续学习本课程，那一定要慢慢来，并进行大量额外的练习和阅读。

安娜·玛丽是一个非常文静的学生，开始学习时面临着双重困难：她不仅阅读的速度很慢，而且英语是她的第二语言。对于学习第二语言的学生，要想阅读速度翻倍通常十分困难。此外，安娜·玛丽的理解能力与记忆能力都相当差。但她是一名好学生，参加了所有学时的学习并完成了大部分练习。我一直期望她不要来参加，因为有时候学生不做练习（结果感觉非常内疚）或者一开始就遇到困难。但安娜·玛丽比我想象的要有决心。

她举起手说自己现在每分钟能阅读 600 个单词了（她起初每分钟才阅读不到 200 个单词，因此这样的成绩并不算差），想要感谢我。她从阅读技巧中学到的东西特别多。她说她的阅读时间显著缩短，能更好地理解材料，而且学校考试也取得了更好的成绩。最重要的是，她说自己从来没有这么自信过。更为重要的是，要知道学习快速阅读课程前必须已经能做到轻松地阅读。如果还存在任何问题，就大声阅读报纸进行简单的测试。如果你读不下去或者每 10 个单词就有一个生词，那么最好寻求专业人士的帮助。

让我们假设你已经准备好。你已经确认了自己开始学习本课程的阅读速度，学会了如何计算每分钟的阅读量，并且充分了解了对阅读内容的记忆能力，那么现在就可以开始提高阅读速度了。

如何控制眼睛运动

很少有人定期检查眼睛。如果你在家读几分钟的书就出现视觉障碍或眼部疲劳，或者你在过去一两年内没有进行眼睛检查，建议你尽快检查。这将为你提供最大的视觉效率，并将生理压力降到最低。

我在宾夕法尼亚州匹兹堡视力研究院授课时，作为实验，所有参与人员都进行了视力检查。班上 1/3 的学生需要特别关注自己的眼睛，建议至少在阅读时要戴眼镜。已经戴了眼镜的学生，建议接受视觉训练。这样的结果让我始料未及，我很惊讶。

如果你想看眼科医生又不知道去哪里看，可以咨询当地验光配镜学会或眼科学会、查阅电话黄页或在线查阅，还可以给专业人士打电话预约，或者咨询健康维护组织（HMO）。如你是其中一员，大多数 HMO 都会提供成员视力护理。

眼科也存在不同的职业细分，容易让人混淆。下面的分类能帮助你找到适合的眼科。

- 眼科专家：通常指的就是眼科医生。
- 眼镜商：专门制造或销售矫正视力镜片的人，但一般不授权提供镜片处方。
- 眼科医生：专门从事眼科手术或眼科疾病的医生，可以开镜片处方或视力训练。
- 验光师：受过专业训练的人，通过矫正镜片与其他包括视力训练等方法检查、测量并处理视力缺陷。尽管他们不进行手术，但在美国一些州，他们可以用药物进行诊疗。

第 **3** 章
chapter3

开始使用你的内在阅读加速器

手是你拥有但尚未发现的超级阅读加速器，这可能会让你惊讶。社会上每年有成千上万美元投入花哨的机器甚至计算机软件上，以期帮助人们加快阅读速度，但两者都无法与人类的双手相媲美。

阅读时眼睛在干什么

在学习如何用手引导阅读之前，你应该知道为什么你阅读慢。首先必须知道阅读时你的眼睛如何运动。阅读时，眼睛会持续进行有规律的跳动。要看到事物，眼睛必须短暂停顿在某个对象上摄取有效信息，有点像相机拍照一样。

我们都知道阅读时一次阅读一个单词，意

味着你的阅读量是每分钟 240 个单词,因为你的眼睛需在每个对象上停留 1/4 秒。因此,如果按照教你的方法一次读一个词的话,每个单词你要用时 1/4 秒。经过简单计算后就能得知,每秒阅读 4 个单词,一分钟 240 个单词。

回读会显著减缓阅读速度

你的阅读速度很可能不到 240 个单词/分钟。一般的读者在阅读过程中会多次回读,每 100 个单词回读 10~11 次。这意味着你的平均阅读速度是 215 个单词/分钟。

回读分两种,即有意识回读与无意识回读。有时候你会觉得一些内容理解得不透,于是决定返回去重读。这属于有意识的回读。这样做没有错,虽然这不算是一种透彻理解材料的最有效方法,但肯定是方法之一。

无意识的回读也存在,主要是由于你开始学习阅读时养成的不良习惯。当眼睛无意识回看时就会产生回读。在本书中,你将学会如何在短期内改掉这一习惯,从而快速提高阅读速度。即便是每分钟的阅读量超过了 240 个单词,你也可能会进行若干次的回读。学习如何消除回读是提高阅读速度的第一步。

你应该知道的阅读条件

你应该知道两个阅读条件:灯光与阅读姿势。

当你专心读书时,你妈妈是否跟你说过:这里光线不好,容易损坏眼睛!她可能错了,因为美国人总体要求的光线都较亮。阅读的灯光既不能太亮也不能太暗,太亮或太暗都会引起眼睛疲劳。

阅读时的最佳灯光是漫射灯光,或者来自不同光源从而不炫光的光线。如果你阅读时没有丝毫的疲劳,那么光线就可能正好。

太亮或太暗都会引起疲劳。一个好的测光方法是把你的手放在阅读材料上面 30 厘米左右的位置。如果出现了较深色的阴影，就说明光线太强了，最好是一点阴影都没有。不建议使用高强度的灯具。

阅读姿势

最好的阅读位置是坐在椅子上，背部紧紧靠着椅背。低头垂肩坐着、躺着或其他坐姿都不是阅读的最好方法。大多数人都不接受这一点。

刚开始纠正坐姿时可能让你不太适应，但如果对阅读效率真的感兴趣，那么你会让这成为长期的习惯。书的位置最好同眼睛构成 45 度角，如图 3-1 所示。在这个位置，你的眼睛不用持续调整视角。这能减少眼睛的运动量，进而减轻眼睛的疲劳程度。拿一本书，在书下垫 6～9 厘米高的物体，很容易就能形成 45 度的阅读视角。

图 3-1　最高效的阅读姿势

总是有学生问在床上读书怎么样，我通常告诉他们如果想读得更快，并对阅读效率感兴趣，就不要在床上读。床上不是阅读的理想之地。我本人在床上读得很慢，因为一到床上就想睡觉。

阅读时如何用手

用手提高你的阅读速度。如图 3-2 所示,开始时用食指指着阅读,然后指尖沿着阅读单词的所在行掠过。边移动手指边阅读,手指指到行尾时,抬高 1.5 厘米,迅速移到第二行再次开始这一过程。

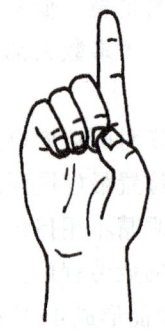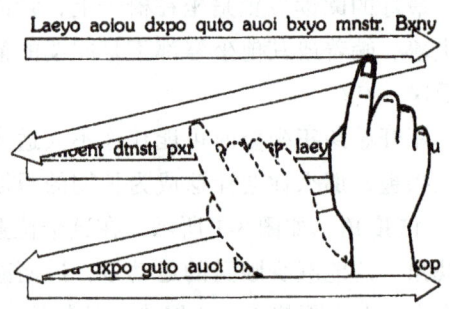

图 3-2 利用食指作为节拍器

尽管开始时这可能有点笨拙,但你很快就会习惯。几乎是在你开始使用手指引导阅读时,你的阅读速度就开始提高了,因为手指能帮助你消除无意识的回读。事实上,在消除无意识回读后,普通读者的阅读速度都能提高 10% ~ 20%,但是需要进行一些练习才能实现。以下是助你开始的一些练习。

练习 2

材料:本书

目的:学习如何流畅自如地移动手指

1. 利用后面的无意义材料,练习几分钟手动(用食指在行下画线)。

2. 食指伸开后,在约一秒内沿每行移动手指。手指在每行下移动时都计为"一次"。

3. 到一行末尾后举起手指,快速返回。继续其他行的移动,每次都计为"一次"。

4. 全部完成后再重新开始,直到手指能流畅自如地移动为止,不要断断续续。你不需要考虑为什么要这样做,看着下面的无意义材料段落练习即可。

供练习的无意义材料片段

XXXXXX XXX XXXXX XXXX XXXXXX XXX XXXX XXX XXXXXX XXXX XX
BB BBBB BBBBBB BBB BBBB BBB BBBBBB BBBB BBBBBB BBB BBBBBB
XXXXXX XXX XXXXX XXXX XXXXXX XXX XXXX XXX XXXXXX XXXX XX
BB BBBB BBBBBB BBB BBBB BBB BBBBBB BBBB BBBBBB BBB BBBBBB
XXXXXX XXX XXXXX XXXX XXXXXX XXX XXXX XXX XXXXXX XXXX XX
BB BBBB BBBBBB BBB BBBB BBB BBBBBB BBBB BBBBBB BBB BBBBBB
XXXXXX XXX XXXXX XXXX XXXXXX XXX XXXX XXX XXXXXX XXXX XX
BB BBBB BBBBBB BBB BBBB BBB BBBBBB BBBB BBBBBB BBB BBBBBB
XXXXXX XXX XXXXX XXXX XXXXXX XXX XXXX XXX XXXXXX XXXX XX
BB BBBB BBBBBB BBB BBBB BBB BBBBBB BBBB BBBBBB BBB BBBBBB
XXXXXX XXX XXXXX XXXX XXXXXX XXX XXXX XXX XXXXXX XXXX XX
BB BBBB BBBBBB BBB BBBB BBB BBBBBB BBBB BBBBBB BBB BBBBBB
XXXXXX XXX XXXXX XXXX XXXXXX XXX XXXX XXX XXXXXX XXXX XX
BBBBBB BBB BBBB BBB BBBBBB BBBB BBBBBB BBB BBBBBB

利用几分钟完成练习2后,你应该就能做好使用手指引导阅读的准备。这一步非常重要,因为之后你需要使用手指来完成所有的阅读,尤其是在学习本书阅读技能时。让手指成为你阅读的第二习惯，这对你的成功至关重要。

利用手指作为节拍器真的会带来奇迹。最近我收了一名年轻的学员。她叫黛西，6年级学生。她跟妹妹同一年出生，在同一个年级。黛西曾被间接或直接告知是班上阅读得最慢的学生，甚至妹妹都读得比她快。黛西告诉我：有一次在图书馆读书时，图书管理员问她在书后面干什么。测评后发现，黛西的阅读水平只比一般水平略低。本来也无须担忧什么，但她所在的是一所好学校，有很多优秀的学生，一点点差距都会显现出来。于是她觉得自己的阅读很糟糕，因此选择了参加我的课程。

学期末，黛西的阅读超过了她所在年级的水平。因此，我们有理由相信，她现在和班上的同学一样，阅读得很快。我希望你能看到她阅读速度的变化。很明显，她多年来一直尝试提高自己的阅读速度，现在她觉得这很容易做到。我确信，无论什么时候，只要她想加快阅读速度，都会记得使用秘密武器——用手指来控制节奏。

练习3

材料：简单的书籍，测试用书除外。计时器（手表或计算机上的钟表）
目的：学习利用手指作为节拍器来消除回读

1. 打开书，从任意位置开始阅读。每秒手指从每行下面画过，练习3分钟。每读过一行都在心里计为"一"。使用计时器，确保练习3分钟时间。

2. 使用同一本书中未读过的内容时，利用手指再练习3分钟。标记开始与结束的位置。

3. 计算你3分钟内的阅读速度。

要计算阅读速度，请遵照下列步骤：

　　a. 找出每行的平均单词数（3行的总字数除以3）。

> b. 计算阅读的总行数。
>
> c. 算出阅读的总字数，用 b 乘以 a。
>
> d. c÷3 得出每分钟的阅读量。
>
> 得出每分钟的阅读量后，记录在你的进步文件中。
>
> 重复步骤 2～步骤 4，阅读一篇新文章，计算阅读速度。

完成后，用得出的阅读速度与自测时记录的初始阅读速度做比较。你的阅读速度提高了吗？许多人都提高了，但有些人需要一段时间才能适应用手指作为节拍器。事实上，一些人刚开始使用手指时阅读速度反而慢了。即便是阅读速度暂时没有提高，你也无须担心，因为提高只是时间问题。重要的是要习惯使用手指作为节拍器。

在上述练习中，你已经学会了如何使用手指作为节拍器。你练习了如何做到手眼配合，你的眼睛学会了跟着手指运动。几天后，或者在你还没有搞清楚为什么要这么做时，就已经发现该方法既简单又方便了。

在开始下一章内容前，试着尽量多地进行一些阅读。罗纳德·维维欧也是一名老师，以前是我的同事。在强调使用手指引导阅读的重要性时，他会告诉学生没有例外情况：开车接近指示牌时，学生必须用手指来阅读；去看外国电影时，他也希望看到学生的手能举起来，跟着字幕移动。今天，你甚至可以在计算机屏幕上用手指来阅读。这些想法一点也不牵强附会，能认真使用手指阅读的学生才能顺利地成为一名高效阅读者。

第4章 chapter4

消除回读，加速前进

很多著名人士阅读速度极快。据说塞缪尔·约翰逊读书就像翻书那么快。在白宫，西奥多·罗斯福习惯每天早餐前读一本书，间或一天读三本。约翰·肯尼迪因每分钟能阅读1200个单词而闻名。天生读书就快的名人毕竟是少数，除了他们，还有数不清的普通人读书速度也很快。

在我教过的学生中，有一名学生天生读书就快，她叫珍妮·莱昂。令人难以置信的是，她在第二节课上每分钟的阅读量就狂升至5000个单词，而在其他课上，她每分钟能阅读400～500个单词。跟她谈话后发现，每天等丈夫下班回家的同时，她习惯利用一个小时阅读一本书。她认为这不足为奇，而我遇到的其他速读者也都这么认为。

你可能觉得一些人的阅读与记忆能力比你好。上 10 年级时，我的一个朋友在英语课上阅读指定章节的时间是我的 1/3，她记住的内容比我今天能记住的还多。她还做了一份兼职，她已嫁为人妇并且是 3 个孩子的母亲，但依然每周阅读 6 本书。很明显，要是像你我那样读书的话，她压根读不了这么多书。

怎样读书才快

刚开始学习阅读时，你看到的可能都是字母。比如 LOOK 一词，先是 L，然后 O，然后下一个 O，最后是 K。你可能还记得在前面章节中讲过：你的眼睛会在进入视线的物体上停留 1/4 秒，据此便能知道自己的初始阅读速度。如果在每个字母上停留 1/4 秒，那么一秒才能读完一个由 4 个字母组成的单词。假设阅读的每个单词平均由 4 个字母组成，读者每分钟只能阅读 60 个单词，或者每个单词用时一秒钟。

眼睛能一次注意到整个单词时就进入了阅读的下一阶段。你可能先学会从自己的名字读起。对于较长的词，可能需要分开前后两部分看。随着认识的完整单词数量的增多，你的阅读速度将从 60 单词/分钟跳跃到 175 单词/分钟，这通常发生在学完大多数阅读指导后的 6 年级。你读得多了，速度就会继续缓慢上升，增长到大约 240 个单词/分钟。

下一个关键的步骤

每分钟阅读超过 240 个单词的唯一方式是每次捕捉到不止一个单词。比如，你眼睛的每次定位能看到两个单词，那么每分钟就能阅读 480 个单词。每次定位如果能超过两个单词，那么你的速度还会更快。学会对整个单词而不是单个字母做出反应时，你就已经做好了第一步。学会对一组单词做出反应不过是反复练习的问题,你还需要正确的实践训练。

消除回读

使用了手指引导阅读后,阅读时的回读就会很少,同时培养了眼部运动同手指的配合。你现在应该做好了进行更多消除回读练习的准备,同时开始每次用眼睛定位超过1个单词。这包括要求多次反复阅读一篇文章。反复的阅读练习能帮助你更快地消除回读,原因是大脑得到了放松,不必担心漏掉什么内容。你已经读完了,所以能轻易地加快阅读速度。知道自己没有丢掉什么内容时,你就可以开始练习只读一遍。

练习 4

材料:任意一本简单的书、计时器(手表或计算机上的钟表)
目的:学习通过反复阅读消除回读来加快速度

1. 打开书从任意位置开始阅读。以尽可能快的速度,使用手指引导阅读3分钟。在结束阅读的位置标记"1"。

2. 返回到开始并利用3分钟重读前面的部分。试着加快阅读速度,超过上面标记的位置"1"。如果你阅读了更多的内容,在新的结束位置做标记"2"。

3. 返回去再利用3分钟重读前面的部分,试着阅读得更快。你已经读了两遍,因此速度应该会更快。3分钟结束时,再次做标记"3"。

4. 再利用3分钟重读前面的部分,试着再快些。超过前面的标记时,要再次做新标记"4"。

5. 最后,利用3分钟阅读新内容(你也可以从标记"4"开始)。记着要用你的手指。完成后,做下标记"5"。

> 6. 计算最后 3 分钟的阅读速度，从"4"到"5"。按照下列步骤进行：
>   a. 找出每行的平均单词数（3 行的总字数除以 3）。
>   b. 计算阅读的总行数。
>   c. 算出阅读的总字数，用 b 乘以 a。
>   d. c÷3，找出每分钟的阅读量。
> 7. 得出每分钟的阅读量后，记录在你的进步文件中。

一直用你的手指

让我颇感困惑的是，总有一些学生在学习阅读技能时不用手指。可能他们认为这很讨厌，或者懒得用。偶尔我也怀疑，他们可能认为不用手指能学得更好些。如果是这样的话，那我就不懂他们为什么花钱来参加我的培训班了。

在我看来，不用手指学习快速阅读就好比想不用计算机写得更快。诚然，没有了计算机你可以学会写得更快，但学会用计算机后，你明显能更轻松地完成。用手指帮助你提高阅读速度的最大优势就是手指随时都可用。

在伊芙琳·伍德动态阅读机构担任总裁时，我的文件里有许多关于如何使用手指作为节拍器的研究，相当多的证据表明手指比其他方法更胜一筹。我希望能说服你。我总是告诉我的学生他们是多么幸运！他们不仅生下来就带着阅读节拍器，而且即使不幸用坏了一根，还有很多根。

我希望你能顺利地使用你的手指，大部分人几天就习惯了。要是在完成本课程的日常阅读中习惯了使用手指，那么毫无疑问，你将发现没了手指的辅助你阅读起来反而非常困难。开始下一章的学习之前，试着利用手指阅读一个小时，杂志或图书、报纸、来自互联网的读物或其他你想读的东西都行。但一定要用手指辅助。

更进一步

一些学生问我：除了本书中的练习外，怎样才能取得更大的进步？练习大多数技能的最好方法是每天练习，同时在建议的时间外进行练习。一句忠告：如果你此时没有比前一刻进步，一定不要灰心，这可能是你的一次不好的经历。但对于这一点，额外的练习将非常有价值。要是你有其他时间，并想在下一节课前更进一步，可以遵照下面的步骤进行练习：

1. 任意找一本书，按照练习4进行练习。
2. 完成练习后，以尽可能快的速度，利用你的手指继续阅读10分钟。
3. 使用新材料重复练习4。
4. 完成练习后，马上尽可能快地阅读10分钟。如有时间，重复1.5个小时的练习将非常有收获，你将发现自己的阅读速度开始攀升。消除回读只是一个开始，不久你就会发现能迅速开始更快地阅读。

上述技巧之所以能如此快速成功的原因很多。首先，该方法来源于天生读书快的读者，通过观察天生读书快的人而非理论推演而得。其次，一个人开始阅读时失败，通常不是因为他没能力做到，而是工具、身体与大脑还没有做好学习的准备。当他们做好准备有机会再学习时，可能会发现这些方法简单得令人吃惊。

琼是我少年班里的一名成年中学生。她有着巨大的勇气，登记并参加了中学三年级的学习班。几个简短的学时后，甚至在还没有完成布置的家庭练习前，她的阅读速度就超过了年级水平，而刚开始时她只不过是六年级水平。看到自己进步这么快，她开始做更多的练习，当然进步也就更快了。她以优异的成绩完成了本课程学习，我确信，能赶上甚至在学校领先其他同学对她来说是最大的回报。

第5章
chapter5

通过实践训练了解你的阅读速度

除了回读外,默读是导致你读书慢的第二个原因。其中原委我们目前了解得还不够充分,但基本上是因为阅读时大脑会把阅读的单词读出来(in your mind's ear),但并不是真实的声音,而是对单词音调的记忆。

我们从小学会的是大声朗读,所以几乎每个人都默读。老师教给我们通过大声朗读理解语言符号后,又让我们自己读给自己听,默读自此开始。

要理解天生速读者的阅读技巧非常容易。我们大多数人通过看单词和默读单词来理解阅读材料,而天生速读者培养了眼睛看到单词就能理解的能力,因此他们读书读得就很快。每个人在看到照片或插图时都能做到。但对于大多数人而言,阅读速度紧随我们默读的速度。

默读的三个阶段

默读的发展经历了几个阶段。第一个阶段，年轻读者阅读时动动嘴唇而不发出任何声音。这并不难控制。要是你想这样做，读书时咬住一根铅笔，或者练习发出茶壶似的口哨声，直到习惯被改变为止。一般几天就能纠正。

在第二阶段，读者不再是动嘴唇而是动喉头。对于男性而言，喉结就像说话时那样运动。通过生物反馈训练可以停止，但这确实不是问题。

在最后一个阶段，读者在大脑中默默对自己说出要阅读的单词，没有任何外部器官的运动。不管是否意识到这一点，你大体就是这样做的。

尽管一些老师宣称可以让读者不再默读，但目前完全做到这一点还不实际。我发现，要是人一直注意自己的默读，那么读完后就只记得自己有没有阅读，理解得很少。学习快速阅读，是让你学习如何比默读的速度更快，但你阅读时肯定会默读。

适当的练习是关键

你将逐步培养多项技能，一点点进步，因此大多数老师以相同的方式教学生，每次学习一步。然而，在快速阅读学习中，你须反其道而行。为了适当地进行练习，你不能像阅读那样快地进步。事实上，你练习时要比你能做到的速度还快，而不是一样快。本章旨在让你理解如何适当地进行实践训练。适当的练习是成功的关键，因此，充分理解最重要。

如何学习快速识别信息

现在，你能听到的声音同盲人听到的一样，然而盲人却能从中识别更多的信息。比如，你可能只听到了脚步声，但盲人还会进行性格判断，就像你看到某个人时做的一样。为了教你从听到的声音中识别更多的信息，你可能需要蒙住眼睛一到两个月，然后你的听力将变得更灵敏。

为了学习更快速地阅读，你必须这样做。你的眼睛正在看一页读物，和我看到的是相同的事物，然而我能以更快的速度读完页面上的内容。换句话说，我能在更短时间内从同样的文字中获取更多的信息。你看的时间跟我一样，却不能获取跟我一样多的信息。

为了训练你更快地识别信息，你必须带上眼罩，也可以用耳塞代替。说是耳塞，但不是真实的耳塞，因为你听到的也不是真正的声音。你阅读时只是在回忆心灵之耳中词语的音调。良好的实践训练的秘诀是让你以超过默读的速度来阅读。当然你的眼睛还得看着所有单词。

下列练习将帮助你学会如何适当地练习。你需要设定计时器，间距逐步减小。开始三分钟的阅读，然后是两分钟，继而是一分钟。录音机是针对这一特定训练使用的计时器。你应该录入"准备好了吗？开始"，然后是三分钟的沉默，最后是"停止"。在说出"准备好了吗？开始"之前，请预留几秒钟时间。然后，你应留出两分钟的沉默时段，等等。同所有实践训练一样，你也可以使用带有秒针的钟表或手表，计时器或计算机上的钟表。

练习 5

材料：任选一本书、计时器（优选录音机）
目的：学习如何通过做标记来练习一次捕捉超过一个单词

1. 利用手指引导阅读三分钟新材料，完成阅读时做下标记。可选项：计算你的阅读速度。
2. 再利用三分钟阅读同一材料。如果你在三分钟之内就完成了阅读，返回开头重新阅读。

3. 练习在两分钟内阅读相同部分的内容。一定要做标记。在这里，你读不完所有的内容，但没关系。让你的手指快速移动，在两分钟内移动到最后，眼睛跟着你的手指运动。

4. 练习在一分钟内阅读完相同部分的内容。记住要在设定的时间内完成。

注：一分钟内完成的话，你的阅读速度就是目前的3倍。这被称为练习或练习阅读。

5. 利用一分钟，从前面部分的结尾处开始阅读。在阅读结束位置做下标记，并计算阅读速度如下：

    a. 找出每行的平均单词数。

    b. 计算阅读行数的总字数。

    c. 用a乘以b计算每分钟的阅读量（由于阅读的时间为1分钟，没必要用任何数除c）。

6. 得出你的阅读速度后，记录到进步文件中。

如果你很放松并且每次做标记都很容易，你可能会想这么简单是不是方法有误。真的，就是这么简单。如果做不了标记，可能是你还在尝试去阅读，而不是学习阅读。但要知道，你现在是在学习如何阅读得更快，这是练习的目的。

你总是在阅读练习与实践训练的开头与结尾部分，从未阅读中间部分。中间部分你是在练习阅读，而不是阅读。最重要的是，要使用手指来完成阅读任务。没有读完所有内容也没关系，跳过单词或整行内容也无关紧要，最重要的是做标记。任何人都能轻而易举地完成。你只需以足够快的速度移动手指。

总有学生说他们手动得不够快。我通常让他们把手指放在空中，然后来回快速地摆动。接着让他们用手指在各行下面做画线动作，同时眼睛要看着阅读的内容。只要有点耐心的学生都能读到做标记的位置。

学习如何适当地练习对学习任何技能都至关重要。"熟能生巧"只有在练习恰当时才是真理。最后的练习太重要了，至少应重复进行一次。重复练习一次，但要提高阅读速度！

> **练习 6**
>
> 材料：同练习 5
> 目的：同练习 5
>
> 1. 以最快的速度阅读 1 分钟，在阅读结束位置做标记。
> 2. 利用 45 秒阅读相同部分的内容，做标记。提前读完后，返回并重新开始阅读。
> 3. 利用 35 秒阅读相同部分的内容。
> 4. 利用 25 秒阅读相同部分的内容，做标记，并尝试在适当的时间内完成。要知道，速度太快也是一个问题。
> 5. 利用一分钟阅读新材料，在阅读结束的位置做下标记。计算你的速度并记录到进步文件中。

通常，经过一系列练习后，你会注意到阅读速度的提高。开始进行适当的练习后，你总能轻松地阅读到标记位置。要是这样的话，你已经在开始培养一次捕捉不止一个单词的能力。之后，你的阅读速度将迅速提高。

更进一步

要是有更多的时间，在进入下一章学习之前，尝试找时间阅读更多的材料。当然，要利用你的手指引导阅读。你可以反复重复本章最后一个练习，然后阅读 30 分钟。记住，手指用得越多，进步就越快。只要能理解，读得越快越好。

第6章
chapter6

弄懂一个简单问题，开始提高你的理解能力

培养良好的阅读或理解能力意味着培养良好的思维习惯。任何人都教不会你在一夜之间提高思维能力，但可以提供现成的步骤帮助你以比你想象还快的速度提高理解能力。

"理解能力"内涵很丰富，以至于任何两个阅读专家给出的定义都不同。在本书中，阅读理解能力指的是理解或了解所读材料的能力。如果你在后面的测试中不记得的话，意味着你没有记住信息。记忆力同样很重要，但我们会在其他章节讨论。真正的阅读理解能力测试应该是开放测试，到那时，就知道你是否理解阅读材料了。

当你不能理解时

不能理解文章的原因通常有两个。第一，你的词汇量不够。你阅读一本医学教科书或者计算机编程类书籍，书中太多的生词可能你都不认识，这明显会让你理解不透。在某些情况下，就像是在读外语书。最好的解决办法是先阅读有关该题材的一本简单的书，掌握更多的知识与词汇后，再逐步阅读难度更大的书籍。不得不阅读较难的材料时，你需要边读边查阅，甚至还得背生词与难词。

第二，也可能是文章写得不够有条理，或者写得无序。一些作者费尽心思使用长句难句来写作，甚至有一些人认为使用生僻词的长句代表写作水平更高，而他的材料却组织得很糟糕。在本书中你将学到一些技巧来应对阅读时遇到的此类问题，并学会如何更容易地理解材料。

段落是理解的首要关键

段落是由句群组成的单位，因此段落中的句子都跟某一主题有关。由于快速阅读课程以及本书都假定读者能够阅读并理解大多数摆在你桌面上的书籍，因此本书不涉及词汇的内容。我们将开始认识作为第一思维单位的段落。

培养阅读能力的第一步是练习找出段落的主题句。在大多数情况下，你甚至没有思考就能理解段落的主题。但这方面的练习很重要，能让你在阅读有难度的文章时同样找出段落主题。试试下面的简单练习，看看你的速度有多快。

练习7

材料：本书、纸、铅笔或钢笔

目的：学习确认段落的主旨或主题句

1. 利用手指，尽可能快地一次读完每个句子或段落，找出句子或段落的主题句。

2. 阅读 A 到 F。读完一句话或一个段落后，眼睛离开阅读材料，在纸上用尽可能少的词记下段落的主旨。

注意：重要的是每个段落只读一次！避免回读。

A. 大部分树是绿色的。

B. 许多鸟类一到冬天就迁徙到南方去了。

C. 约翰把盘子洗了。他妻子让他洗的。

D. 比尔爱踢足球。他希望有一天能踢职业赛。

E. 斯宾诺沙是荷兰最著名的哲学家，犹太教徒。

F. 玛茜是个美丽的妙龄女郎，留着乌黑的短发。她不寻常的名字是个绰号。她的双亲都是日本人。

你可能在练习 7 中遇不到问题，但你是否注意到，每一段的主题句一般都是第一句话？这通常是所有文章的通则。事实上，95% 的段落主题句都在第一句。这也是为什么第一句通常被称为主题句或中心句。

现在有另外一个练习，使用上面所有的原则，但要更进一步。在下面的文章中，段落会更长些，你还是找出段落主题句即可。事实上，这是要你做的全部，但应尽可能快地完成。主题句几乎都在第一句。认真阅读第一句，试着找出段落往下要讲什么。找到了主题句后，你就完成了阅读任务。但也有可能，尽管可能性很小（可能比例不到 5%），段落的主题句出现在段落的其他位置。因此你应该继续阅读，以便确定是否找到了所有有关主题的内容。当然，你现在已经能更快地进行了。

练习 8

材料：本书、纸、铅笔
目的：尽可能快地找出段落主题。利用手指，只阅读一次

1. 从 G 到 M。

2. 以最快速度读一遍段落内容，找出段落主题。读完后合上书，这样你就不会回头翻看了。

3. 在纸上用一个或多个词写出段落的主题。

G. 农场里所有的动物都很惬意。牛群开心地吃草，马儿围着牧场跑，鸡群则四处觅食。

H. 路德维希二世是巴伐利亚的最后一个国王。他被认为患有精神病，最终被推翻。他修建了好几座城堡，让皇室几乎破产。今天，这些城堡都成了巴伐利亚的主要旅游景点。

I. 学校孩子都出去打篮球了。有一个男孩留了下来。他是个残疾人，不能打球。孩子们有时会取笑他。

J. 爷爷是一个非常严厉的老头，他很少出门。雷切尔一点也不喜欢他。他是雷切尔的爷爷，但雷切尔认为爷爷太严厉了。爷爷的严厉让雷切尔的父亲也常常心烦。

K. 池塘内外生活着许多昆虫、鱼类及其他动物。有一种生物游起泳来像鱼，长大后却喜欢吃虫子。它们总是懒洋洋地趴在荷叶上。

L. 黛安娜去逛商场了。科琳娜与布兰达已经到了。萨拉不想去，但最终还是去了。她们几个见面后在一家泰国餐馆吃得很开心。

M. 约翰出去挤牛奶了。母亲正在烤面包。父亲正在摘西红柿。他哥哥回来也有活儿干。农场生活并不容易。

答案：

A. 树；B. 鸟；C. 约翰；D. 比尔；E. 斯宾诺沙；F. 玛茜；G. 农场动物；H. 路德维希二世；I. 残疾的男孩；J. 爷爷；K. 青蛙；L. 商场；M. 农场生活。

你可能非常容易就能找出大多数段落的主题。但你在段落 A 中没遇到困难吗？第一句中只是间接地提及了段落主题。你可能从段落 K 中判断不出是青蛙。段落的主题句不直接点明的情况不是很常见，但总是有例外。你应该知道这一点。同时，段落 M 的主题句是最后一句，有一定难度，这是你通常不会遇到的情况。

理解能力与速度

有时候，在理解阅读材料时，你很容易忘记阅读速度。这句话说得一点不错。学习快速阅读时，阅读速度在一定程度上会同理解分开。换句话说，阅读速度与理解能力的培养将分开进行，之后才开始兼顾阅读速度与理解能力。除非是在练习时，否则理解能力将一直约束阅读速度。很明显，读书但不理解算不上是阅读。

正如讨论阅读实践时所解释的那样，在培养快速识别单词技能时，我们将不关注理解能力。类似地，进行阅读练习时，阅读速度也不是首要考虑的内容。但是，当为阅读指定了具体的目标后，比如找出文章大意，你应该尽快完成阅读任务。找出文章大意后，不要过分关注对文章其他部分的阅读与分析。快速浏览其他部分，检查一下是否与你选择的主题句有关。你不需要进行多少练习就能很快做到这一点了。

更进一步

想做更多的阅读练习也很容易。任意选择一本书，准备一张纸、一支笔，看看你在 5 分钟内能找出多少段落的主题句。在不练习的情况下，你每分钟能找出 5 个段落的主题句。随意选择一个段落，尽快一次性读完，尝试找出段落大意。视线离开书本，在纸上简单地记下文章大意。然后跳到另外一个不相邻的段落，因为这样更有难度,继续看你能找出多少其他段落的主题句。快速确认段落主题句的能力将极大帮助你在未来的学习中培养良好的阅读能力。

第二周实践训练

花尽可能多的时间,完成下面的实践训练,不要阅读其他章节。明天继续学习第 7 章,之后重复下面的实践训练。在未来几天,阅读下面的内容,之后多次重复下面的实践训练。花在实践训练上的时间将直接关系到学完本书后你的阅读速度有多快。假设你开始学习本课程时阅读速度一般(每分钟的阅读量大约是 200 个单词),且你按照教授的方法进行了练习,那么下表将暗示你能取得多大的提高。

每天练习时间	六周内你大致的阅读量[①]
20 分钟	400 ~ 800WPM,300WPM 的两倍或少一点
40 分钟	600 ~ 1200WPM
60 分钟	800 ~ 1500WPM
90 分钟	1200 ~ 2000WPM
120 分钟	超过 2000WPM

注:超过 90 分钟应分成两个学时。WPM=word per minute,每分钟…个单词。
① 阅读速度将随材料类型、阅读目的以及其他因素变化。这意味着简单的材料阅读速度快。

最好完成一章学习后再开始练习,然后开始做本部分的实践训练。按照给出的顺序进行练习。假如每天能练习 20 分钟,单做实践训练 1 即可。每天练习 40 分钟的话,先做实践训练 1,再做实践训练 2,以此类推。

有些实践训练可以在直接练习或完成练习后重复进行。实践训练中一般都有说明。达不到练习目标要求时,最好重复练习直至达到目标。达到目标并不难。如果未达到目标,那么可能是你对自己的要求过高了。你可能设定了超过我们期望你能做到的标准,比如想更多地理解材料,而不仅仅是所述的阅读目的。

每个实践训练都提供了图示与书面说明。大多数练习已经在前面进行了充分解释。开始的时候,你会觉得书面说明使用起来很方便,但当重复进行实践训练时,你会觉得图示更便于操作。

使用图示时,你应该知道:①第一条竖线指示的是阅读的起点;②箭头表示你阅读的材料数量;③图示应从上到下阅读或遵守。换句话说,你开始练习时遵照最上面箭头的指示,之后的练习按照下一个箭头的指示,依此类推。

✓ 本周实践训练用到的材料

1. 计时器。分别计时 1,2,3 分钟。
2. 钢笔或铅笔。
3. 纸张。优选使用 A4 纸,打印机用纸。
4. 一两本书。难度不大的小说、传记或散文。
5. 从进步文件列表中选一两本书。

| 实践训练 1 |

材料:基本书目

目的:开始消除回读

预计时间:15 分钟

目标:每次复读时多读 1~2 行内容

应重复本实践训练,直到阅读速度达到 400WPM,然后开始实践训练 2 的练习。

图示:

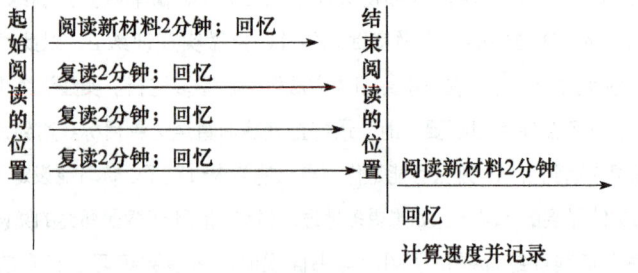

练习说明：

1. 阅读新材料 2 分钟。

在结束位置标记"2"。

开始书面总结，用尽可能少的字在纸上记下文章大意，不要回头翻看材料。

可选项：计算今天你的起始阅读速度。

2. 重读相同部分的内容 2 分钟，尝试阅读更多的内容。

读了更多内容时，做标记"3"。

增加书面总结内容，不要回头翻看材料。

3. 复读相同部分 2 分钟，尝试提高阅读速度。

如果你阅读了更多的内容，做标记"4"。

增加书面总结内容。

4. 复读相同部分 2 分钟，尝试再快些。

如果你阅读了更多的内容，做标记"5"。

增加书面总结内容。

5. 从上面标记"5"处开始，以最快的速度往后阅读，时间 2 分钟。

在阅读结束位置标记"X"。

把记住的新内容添加到书面总结中或重新做书面总结。

计算从"5"到"X"的阅读速度，记录在进步文件中。

注意： 一直用手指作为节拍器。

实践训练 2

材料：基本书目

目的：在理解的前提下提高阅读速度

预计时间：15 分钟

目标：每次都做标记

本练习可以重复进行。

图示：

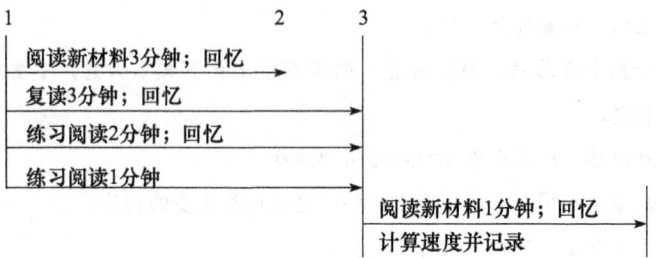

练习说明：

1. 阅读新材料 3 分钟。

在结束位置标记"2"。

开始书面总结，简要回忆。

2. 重读相同部分 3 分钟，尝试阅读更多内容。

如果你阅读了更多的内容，做标记"3"。

可能的话，简要增加书面总结的内容。

3. 在 2 分钟内练习阅读尽可能多的内容。

如果你能把所有记住的新内容都添加到书面总结中去，那就添加吧。不要为了记住内容而放慢速度。一定要做标记。

4. 在 1 分钟内练习阅读整个部分的内容，做标记。直接进入以下步骤，不要回忆。

注意：未能在规定的时间做标记时，继续练习 1 分钟内读完整个部分，直到能及时做标记为止。记住，这不是阅读，不必把每一个词甚至每一行都读到，但要试着做到。

5. 阅读新材料 1 分钟。

在阅读结束位置标记"X"。

可能的话，简要地把记住的新内容都添加到书面总结中。

计算你从"3"到"X"的阅读速度，记录在进步文件中。

实践训练 3

材料：从你准备的 10 本书中任选一本

目的：在一般阅读环境下练习新的阅读技巧

预计时间：15 分钟

目标：规定练习时间并遵守

（本实践训练可以重复进行。）

图示：

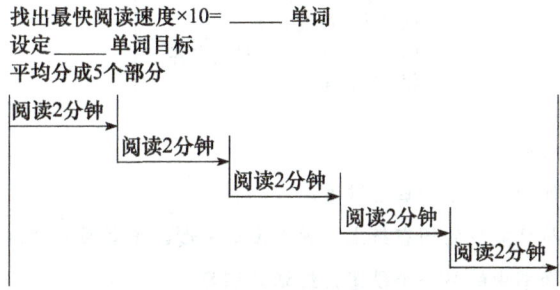

1. 找出你在实践训练 1、2 或 3 达到的最快速度。

用 10 乘以该速度。

从实践训练 1 的阅读书目中任选一本，设定阅读目标量，同你上面刚确定的长度相同，然后平均分成 5 个部分。

2. 使用手指作为节拍器。利用 2 分钟时间阅读第一部分。

3. 利用 2 分钟时间阅读第 2 部分。

4. 继续进行，在 2 分钟或更短的时间内阅读每一部分。

5. 计算每一部分的阅读速度，并记录到你的进步文件中。

实践训练 4

材料：基本书目

目的：培养寻找段落主题的意识

预计时间：5 分钟

目标：看看你能在多短的时间内找出段落大意

每个练习部分进行一次实践训练。

图示：

随意选择一个段落 以最快的速度阅读
回忆，不要重看读过的内容 记录阅读量

练习说明：

1. 选择一本书中的任意段落。
2. 用尽可能少的词在纸上记录下段落主题。不要回看读过的段落。
3. 选择书中的另一个段落，继续该练习。

尝试在 5 分钟内阅读更多的段落。

必须记住阅读是为了找出段落主题。

在进步文件上记录下 5 分钟内完成的阅读量。

着最小目的快速阅读时，就能开始扩展阅读目的。

不要把时间浪费在能力范围内的慢读上。在所有练习中，尽可能地加快你的阅读速度。确定阅读目的，即在本课程下仅需遵照建议进行阅读，并养成良好的习惯，从而能让你在本课程外的阅读中设定目的。现在返回到实践训练，并尽快多做练习，完成今天的作业。

第 8 章
chapter8

成为世界上阅读速度最快的人

假如我说你已经是世界上读书最快的人之一了,你敢相信吗?如果你属于1%读书最快人群中的一员,你会认为自己很棒吗?你当然会这么认为。即便现在不是,你也很快就会成为速读者之一。要知道,只有不足1%的美国人每分钟能阅读超过400个单词。难以置信吧?但这是事实。你已经经历了或者至少练习过以这样的速度进行阅读。不久你将发现这样的速度令人非常愉快。

更快的阅读速度以你识别、理解单词的能力为基础。之所以能做到,是因为你理解单词时不需要听到单词。看到图片时你在心里不会告诉自己这是什么,相反,你一看到就知道了。看钟表时,你一次就看到了所有数字,不必逐个阅读表盘上的数字,也不必思考时针、分针指向哪里。

正如前面章节所讨论的,学习快速阅读时,阅读速度将超过你的默读速度,但你不可避免地要默读部分单词。如果默读问题不能解决的话,你可能会困惑默读是怎么产生的。不管我是否讨论过该问题,你都很有可能认识到这一点。随着阅读速度的逐步加快,你会觉得自己并没有"默读"出所有单词,还可能觉得有部分单词连看也不能"看到"。这将是你第一次意识到默读几乎"消失了"。你必须适应这一点。

快速阅读的秘诀

班上的一个学生举起手来兴奋地告诉我:她找到了快速阅读的秘诀。我自然想知道是什么,然后分享给其他学生。她说秘诀是不必阅读所有的单词,尤其是"a""of""the"等虚词。我同意她的观点,但不是全部。我问她怎么知道哪些词不用阅读,她说自己也不确定。很明显,她得先看到这些词后才能确定是否需要阅读。这位学生第一次做到了看到阅读内容就能理解,不用在脑海中默读出来,这让人非常激动,因为这的确能提高阅读速度。每个人都能做到,且不必有意识地去做。只要用你的手指作为节拍器,并完成书中的实践训练,这几乎会自然而然地发生。开始每分钟阅读 200 或 300 个单词时,你默读单词的数量就在减少。这意味着你不用靠"读出来"理解了。

新练习能进一步提高你的阅读速度

你现在已经完成了基本技巧的练习,可以开始进一步培养阅读速度了。下面是一个新练习,同之前做的练习在理念上稍有不同。这种"不同"或者"新颖"并不意味着难度更大。只要理解了练习阅读的理念，开始练习并做标记，你在练习时就不会遇到任何困难。

练习 11（拓展练习）

材料：一本简单的书
　　　计时器
　　　铅笔

1. 阅读新材料 1 分钟。
用铅笔在开头与结尾处分别标记"1"与"2"。
可选项：计算你的阅读速度。
2. 用 1 分钟重读同一部分，尝试阅读更多的内容。
如果你阅读了更多的内容，做新标记"3"。
3. 再次用 1 分钟重读相同的部分，尝试阅读更多的内容。
如果你读的内容又多了，做新标记"4"。
4. 计算从标记"2"到"4"的行数。不管行数有多少，在标记"4"后数相同的行数做标记"5"。
5. 利用 1 分钟，练习从标记"1"读到标记"5"。
一定要做标记。
6. 按照标记"4"到"5"中间的行数，从标记"5"往后数相同行数做标记"6"。
利用 1 分钟，练习从标记"1"读到标记"6"。
7. 从标记"6"处开始，用你的手指引导阅读 1 分钟。只要能理解，越快越好。
在阅读结束位置标记"X"。
计算你的阅读速度（从"6"到"X"），记录在进步文件中。

你发现本练习同前面练习的不同了吗？在前面的练习中，你总是阅读同一篇文章，并尝试提高阅读速度。重读同一篇文章，每次都能快一些。在本练习中，阅读没有读过的材料，这更困难，但结果会更明显。第一次学习以更快的速度阅读不熟悉的材料，可能一下子无法完全理解，但随着练习会逐渐进步。练习时尝试保持放松，并轻松地做标记。

阅读过程中也要提高速度

实践训练要求你在练习开始与结束时阅读。当然，要以自己的速度阅读，即便是这样，还是应该尽量加快速度。练习更快速阅读的时间越多，就越能更好地适应新的技能，而且理解得也更好。在让学生阅读的时候，一些人以很适应原来的速度为由拒绝以更快的速度练习。但这样会导致进步缓慢。事实上，学生固执地把练习时间耗在了慢读上。

阅读到目标标记处是最重要的。对于这部分练习而言，理解与否并不重要。记住，你是在练习每次捕捉不止一个单词。有时候你可能认为自己没有看到所有的单词，但没关系。记得做标记。你正在避免大量的默读，没有时间"说出"所有的单词。

下面是你做过的另一个版本的拓展练习，它能让你的阅读速度更快。尽全力做好。最重要的是保持放松与愉悦，因为紧张对你一点帮助也没有。

练习 12

材料：一本简单的书
　　　计时器
　　　铅笔

1. 用手指引导阅读新材料 1 分钟。
用铅笔在开头与结尾处分别做标记"1"与"2"。
2. 利用 1 分钟时间，重读相同的部分，尝试阅读更多的内容。

如果你阅读了更多的内容，在结尾处做新标记"3"。

3. 再用1分钟重读相同的部分，尝试阅读更多的内容。

如果读的内容又多了，做新标记"4"。

4. 在标记"4"后半页的位置做新标记"5"。

利用1分钟时间，练习从标记"1"读到标记"5"。

5. 在标记"5"后半页的位置做新标记"6"。

利用1分钟，练习从标记"1"读到标记"6"。

6. 以最快速度从标记"4"开始阅读，时间1分钟。

在结尾处标记"X"。

计算你的阅读速度（从标记4到"X"），记入你的进步文件。

你能否跟上并做标记？再次强调：练习阅读并不是真正的阅读，而是在看印刷的文字，直到你能及时用手指做上标记。如果对此有所怀疑，请以最快的速度尝试在空中来回划动手指。我曾经测试过，每分钟最快能达到4000个单词。你不仅能做到，而且会发现练习做标记确实不难。遇到困难时，重复进行本练习，直到能轻易做标记为止。

达到目标很容易

要是你有一台录音机就太幸运了，录音机能提供更多的帮助。你可以把练习记录下来，让你很容易就能完成练习。在要求你达到具体目标的练习部分，使用录音机设定剩余20秒与10秒的时间点。当听到剩余20秒的提醒后，你能快速预估自己的阅读量及有无必要提速。当然，其他能记录并回放的计算机程序也可以实现相同的目的。

在教室训练时，使用录音机记录情况如下。

准备阅读新材料以实现更好的理解。准备好了吗？开始。

（1分钟无声状态）

请停止！在阅读结束的位置写下数字"2"，返回阅读起始位置，重读相同部分的内容。准备好了吗？开始。

（1分钟无声状态）

请停止！在阅读结束的位置写下数字"3"，返回阅读起始位置，重读相同部分的内容。准备好了吗？开始。

（1分钟无声状态）

请停止！在阅读结束的位置写下数字"4"。在数字"4"后半页位置写下数字"5"，然后返回到开始位置，等待开始提醒开始练习。

（10秒钟无声状态）

准备好了吗？现在练习从开始阅读到标记"5"的位置。开始。

（40秒钟无声状态）

离达成目标还剩20秒。

（10秒钟无声状态）

剩余10秒钟，做标记！

（10秒钟无声状态）

请停止！在数字"5"后半页位置写下数字"6"。然后返回到开始位置，等待开始提醒练习阅读。

（10秒钟无声状态）

准备好了吗？现在从开始到标记"6"处练习阅读。开始。

（40秒钟无声状态）

离达成目标还剩20秒。

（10秒钟无声状态）

剩余 10 秒钟，做标记或略过！

（10 秒钟无声状态）

请停止！现在返回到标记"4"处，在理解的前提下尽可能快地阅读。准备好了吗？开始阅读。

（1 分钟无声状态）

请停止！在阅读结束位置做标记"X"。计算你的速度。

没有录音机或计算机录音程序的话，可以找朋友帮助，要么就熟练使用手表或钟表。通过把表放在靠近书本的地方，培养一边阅读一边看表的能力。离标记位置还远的话，加快速度。没有计时器，你也能学习这项技能。但时间可能不太精确，因为计时器能更准确地测算你的进步。不管怎样，练习时按照基本步骤进行都能助你提高速度。

在这里，要充分准备，并做好进行更多练习的准备。返回到"第二周实践训练"部分。每天练习。充分的准备能让你的速度更快。

第**9**章
chapter9

使用神奇之线培养更好的回忆能力

理解能力与信息记忆能力（包括信息再现能力）密切相关。但这两个方面存在差异。阅读文章时就会形成理解，随后才会对信息进行回忆。两种能力的实现都需要进行思考，但在发生时间上大不相同。

理解能力是一回事，记忆能力是另一回事。事实上，你从大脑记忆中回忆时，没有任何线索能提供帮助。因此，回忆并不容易。尽管大脑与计算机类似，但无法记住所有内容。相对而言，正确认知信息的一个例证是能判断某一陈述的正误，这比起信息再现要容易得多。

严格的理解能力测试

最难的理解能力测试就是回忆，因此阅读

理解中常常有大量回忆信息类的题目。由此可见，阅读理解与回忆能力密切相关。

培养阅读记忆力与回忆能力的第一步是培养即时再现信息的习惯。这很容易做到。当你把信息回忆同理解题目（文章讲的是什么）相结合时，就开始毫不费力地同时培养这两种技能了。

神奇之线

本章标题所述的神奇之线在使用时才会有神奇的妙用。神奇之线其实只是一条斜线，在斜线上记录描述文章主旨的词汇或短语。从斜线开始，最后形成可视化的模式，作为信息记忆工具。在一篇散文中写出信息或者大纲能让你的记忆更容易。这样的工具被称为回忆模式。

回忆模式运用如下：阅读时在白纸上画斜线，读完后马上在斜线上记录文章的主旨大意，不要回头去看读过的文章。尽可能用较少的词汇，几个词就够，一个词最好。举个例子，你开始使用回忆模式来练习童谣《矮胖子》（*Humpty Dumpty*），练习过程如图 9-1 所示。

然而，在练习了如何找出文章主旨后，这部分内容就变得简单了。下一步，你要把更多细节内容添加到斜线的支线上去，支线交错向上分布，好比一棵树的枝干。图 9-2 给出了童谣《矮胖子》的回忆模式，从下往上阅读。对于即时信息回忆模式，尝试在阅读结束时写下能记住的所有信息。不需要组织信息结构。此时需要做的是看你能记住多少内容，但不要回头看读过的材料。培养这项技能的速度很快。练习得越多，记住的信息就越多。这一方法将开始培养你的阅读记忆力。后面章节将讨论如何保留记忆。下一练习旨在培养你的即时回忆能力，同时有助于培养阅读理解能力。

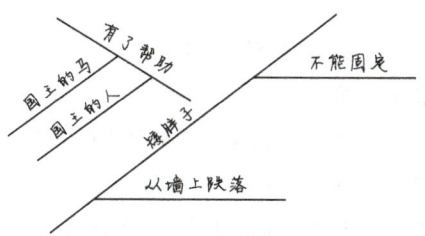

图 9-1　如何开始回忆模式　　　图 9-2　更详细的回忆模式

练习 13 🢂 🢂 🢂

材料：铅笔或钢笔、纸

1. 读完下面任意一个段落后，用手盖住。
2. 单独拿出一张纸，在上面画斜线，使用尽可能少的词汇记下文章主旨。在支线上从下往上写出尽可能多的内容。图 9-3 提供了示例。

林子里生活着许多松鼠。

它们爱吃坚果。

它们中的一些很温顺。

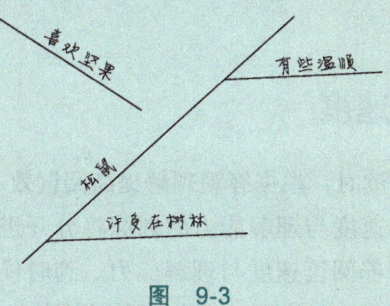

图　9-3

A. 曼哈顿天际线的景色令人印象深刻。曼哈顿摩天楼群是世界上最大的建筑群之一。

B. 旧金山被许多人称为全美最美丽的城市。城市三面环水，是一座建在七座山峰之上的城市，就像罗马。但地震以及随后发生在 1906

年的大火几乎摧毁了整个城市，因此，现在旧金山的大多数建筑都是新式建筑。

C. 新奥尔良是全美最受欢迎的旅游城市之一。最吸引人的当属法国区的法式与西班牙式建筑。新奥尔良还能烹饪出一些全美最好的美食。一些游客来此就是为了大饱口福。

D. 西雅图被认为是美国新兴城市之一。坐落在美国靠太平洋的西北地区，这里已经成为高科技公司以及主要飞机制造商的汇聚之地。西雅图离另一个旅游胜地温哥华非常近。

E. 迈阿密正在快速成为美国通往拉丁美洲的门户。这里是数百万古巴裔美国人以及其他拉美地区族群的家，拥有独特的拉丁美洲气息。这里还是到美国来的南美洲人的旅游与商业胜地。

最重要的是记住，练习回忆时不要回头去看读过的内容。把回忆能力看成是肌肉：练习得越多，肌肉长得越快越强。回头看阅读内容的话，你就是在练习复制材料而不是回忆。你自己决定想学什么。

理解能力与速度

学习快速阅读时，根据客观理解提高阅读效率是十分重要的。换句话说，阅读速度与理解能力的训练将分开进行，但从某个时间开始会同时培养阅读速度与理解能力。到时候，你就会发现你能做到两者兼顾——速度更快，同时理解得更好。尝试不要将两者混淆。练习阅读理解与回忆能力时，忘掉快速阅读的想法，但要记住阅读的目的。在完成目的的前提下，以适宜的速度阅读。

下面的练习旨在让你带着简单的目的练习理解与回忆能力。带着目的阅读时，你将很快练习完并达到目的。

练习 14

材料：任意一本简单的书
　　　铅笔或钢笔
　　　纸

1. 在纸的一边写上 1～5 五个编号，在另一边写上 6～10 五个编号。每个编号要隔开，留出足够的空间。

2. 打开书，翻到新材料的位置。选择第一页最长的段落。以最快的速度阅读。阅读目的只有一个：找出段落主旨。

3. 不要回头看读过的内容，在编号 1 后面画一条斜线，然后用尽可能少的词汇写出段落大意。能记住更多内容的话，把细节记录在从下而上交替分布的支线上。

注意：当你记住的内容多于文章的主旨信息时，你可能读得太慢了。你应该以最快的速度阅读，找出段落大意即可。

4. 阅读另外超过 9 页的内容，选择每页上最长的段落，重复步骤 2 和步骤 3。

几乎每个班上都有一位学生会成为反例。当然，绝不是某一个学生会犯下所有的错误。几乎每个人都会犯其中的一部分错误。关于回忆能力，总有人反对使用回忆模式，并坚持按照自己一贯的做法记录信息。通常都是这样的学生强调他们想提高记忆力。

采用回忆模式是提高阅读回忆能力的唯一方法，更是经过成千上万学生验证过的有效方法。在找到更好的办法之前，比较明智的做法是把这一方法学好。采取不同的方式尝试该方法，然后找到你自己的方法。切记，一知半解是在浪费时间。正如你使用手指加快阅读时一样，如果确实想改善记忆力，就从现在开始使用这些简单的回忆模式。这将成为你从未想过的最好的技巧之一。

更进一步

最终你将以两种不同方式使用回忆模式：一种是阅读理解能力练习，另一种是阅读练习与实战。无论抱着何种目的，完成阅读时画一条斜线回忆文章的内容，把你记住的细节信息写到斜线的支线上。

记住，用尽可能少的词（足够让你记住），千万不要回头看读过的文章。现在，完成你今天的实践训练，并添加新内容到回忆模式上。

翻到第二周实践训练，完成今天的作业。

第10章

通过不同的训练拓展阅读速度

开始定期练习后,你的阅读速度肯定在逐步加快。用手指作为节拍器已经成为你的第二习惯。本周结束时,你将做好进行新练习的准备。本章要说的就是新练习的内容。

到目前为止,我们仅仅学习了线性阅读。线性阅读是在学校学习的阅读方法,就是按照单词顺序逐行阅读。线性阅读覆盖了我们的大部分阅读。作为阅读复杂材料的基础,线性阅读还包括大多数研究性阅读。

高效线性阅读范围

线性阅读能达到的最快速度是每分钟大约1200个单词,这已经非常快了。我之所以用"大约"一词,是因为实际速度取决于多个因素。

根据材料难度、已有知识量等因素,好的线性读者每分钟的阅读量为 500 ~ 1200 个单词。

你极有可能已经经历过该范围的阅读速度。你阅读速度可能更快,比如每分钟超过 1200 个单词。要是每分钟的阅读量真的超过 1200 个单词,在未来一周的学习中,不要强迫自己读得更快了。把这段时间作为巩固阶段,稍后会有大量时间来练习快速阅读。哪怕你现在每分钟的阅读量不到 500 个单词也无须担忧,因为此时大部分人还达不到每分钟 500 个单词的阅读量。学员进步程度不同,甚至许多学员学习了数周仍达不到每分钟 500 个单词的阅读速度。你要通过不断学习来培养阅读的各个方面。

你的阅读速度有所变化

不要期望能达到一个固定速度,比如说每分钟 500 个单词,然后以该速度阅读所有的材料。也不应期望每天都看到速度的提高。在培养线性阅读技能过程中,你会发现自己的阅读速度在波动,最高能达到每分钟 500 个单词,或者为 500 ~ 1000 个单词。速度会因特定因素的不同而不同,比如你当天的感受、材料难度以及已有的阅读量(阅读得越多,速度就越快,这跟打字一样)。变化是显示进步的良好信号。我们之前学到的都是以同样的速度阅读任何材料,一次一个单词。因此,开始打破这一习惯是成为高效读者的积极信号。

双倍 / 三倍练习

新的练习着实会让你吃惊。适当练习后的成效也会让你看到神奇的阅读速度。同前面的练习相比,新的练习在理念上有所不同,但不要认为难度更高了。只要理解了练习的理念(做标记),

你就能顺利地掌握新的练习。

在本练习中,先重读两遍,然后练习阅读刚才内容两倍的阅读量。下一步,你要练习阅读刚才内容三倍的阅读量。之后进行最后的理解性阅读。练习两三遍后,你会发现本练习很简单。练习成效会证明学习中遇到的困难都是合理的。

练习 15

(双倍/三倍练习)

材料:一本简单的书
　　　计时器
　　　铅笔或钢笔

1. 在开始阅读的位置做标记"1"。

使用手指阅读 1 分钟新材料。

可选项:计算你的速度。

2. 重读相同的内容,尝试阅读更多的内容,时间 1 分钟。

当你阅读了更多内容时,做标记"3"。

确定你大概的阅读量,从标记"1"到标记"3",比如 $1\frac{1}{4}$ 页、$2\frac{1}{8}$ 页等。

3. 从标记"3"往后做新标记"4",标记"3"到标记"4"的内容同标记"1"到标记"3"要大体相同。

利用 1 分钟的时间,练习从标记"1"阅读到标记"4"。

注意:现在练习第三次阅读时阅读刚才 2 倍的阅读量。要做到这一点,你必须在 30 秒内阅读完一半的阅读量。使用录音机或计算机计时工具时,设置剩余 30 秒时间"提醒"。这样你就知道何时要阅读到标记"3"处。如果还有差距,你就必须提高阅读速度。

4. 从标记"4"往后做新标记"5",标记"4"到标记"5"的内容同标记"1"到标记"4"的大体相同。

> 利用 1 分钟时间，练习从标记 "1" 阅读到标记 "5" 的位置。
>
> 注意：现在练习阅读刚才阅读内容 3 倍的阅读量。你必须在 20 秒内阅读完 1/3 的量。使用录音机或计算机计时工具时，设置剩余 40 秒与 20 秒的时间 "提醒"。这样你就知道要按设定时间分别阅读到标记 "4" 与标记 "5" 处。
>
> 5. 以最快的速度，利用 1 分钟时间从标记 "5" 开始阅读。
>
> 在阅读结束位置做标记 "X"。
>
> 计算从标记 "5" 到 "X" 的阅读速度，记录到进步文件中去。

在本练习中，你必须阅读许多新内容。开始时会有点困难，但成效更好。你第一次开始学习更快地阅读陌生材料。你现在可能理解不了全部内容，但以后会理解的。练习时尝试保持放松，另外记得做标记。记住，这是在练习阅读，而不是阅读。

阅读与练习阅读

所有实践训练都要求你在练习开始与结束时阅读。当然，要以自己的速度阅读，但即便是这样，你还是应该尽量加快速度。一些学生在我说出 "阅读" 的时候好像放慢了速度。很明显，他们想慢慢进行练习，不再去默读每个单词。记住，你是想学习以更快的速度阅读。最开始加快阅读速度时，你的理解会受到影响，但这主要还是习惯问题。如果放慢速度以适应自己过去的习惯，你学习的将是已经掌握的东西。练习加速阅读越多，适应这样的阅读速度所需的时间就越短。

这能帮助你记住阅读目的。在目前的所有练习中，唯一的阅读目的是能理解阅读的材料。一旦形成了自己的阅读速度，我们将为你提供更多复杂的阅读目的。如果能按照要求学习，你将很快学会。但是如果非要另辟蹊径，你将花费更长的时间来学。你或许想尝试一遍自己的方法，然后才发现这种方法无济于事，再回过头来尝试我的方法。这样的弯路是你自己选的。

记住，学习快速阅读的前提是把速度同理解能力分开培养，在练习过程中必须做到这一点。脑子里带着阅读目的，你就能很容易做到。

你在做标记吗

在本练习中，你的阅读速度将同未来一周的阅读速度一样快。因此，如果你还没来得及做标记，之后将有大量的机会学习做标记。要记住，在练习阅读时，你并不是真正在阅读，而主要是在练习如何看单词。别人以为你不能"看到"所有的单词。错，你当然能。把一本书完全倒置看看，你可以看到整页内容，只不过不能辨认单词而已。有时候人们会将"眼看"同理解混为一谈，但其实两者不是一回事。你能看见外文，但并不意味着你能看懂或者理解。练习阅读的道理是一样的：保持放松，快速地移动手指，就像阅读外语那样阅读单词。看到全部内容，但无须理解每一个单词。

如何更快地移动手指

我们已经讨论过手动的方法。有些学生有时会说他们的手指不能快速移动，遇到这样的问题，你要尝试只移动手腕以下的手指，不要移动整个手臂。移动整个手臂的话，你很快就会觉得累。这就好比挥动你的手指跟人说拜拜，这样做时，你就能看出手指挥动速度有多快。我估计会特别快。我曾经记录过手指平均每分钟划过 4000 个单词。如果你还在学习线性阅读，1 分钟不超过 1200 个单词，那么练习阅读意味着速度要提高三倍，也就是每分钟大约 3600 个单词。要求必须做到这点时，你每次就要看两三行内容，以便即时做标记，但要尝试一次看到所有行数。要知道，手动得越多越好。

本章是个完整的章节。完成本练习会带来较大的收获。一旦完成了，其他所有练习就会相对容易。有时间的话，你可以返回重做练习。除非你认为自己能完成练习，否则不要进入下一章的学习，而且记得一定要做标记。

翻到第二周实践训练，完成今天的作业。

第 **11** 章
chapter11

了解作者的写作技巧有助于阅读

如果你了解作者的写作方式,特别是文章的组织结构,就能直接找出符合你阅读目的的材料主旨。事实上,有了明确的目的后,你就能找到作者在哪一部分写了你需要的内容,从而节省大量的时间。通常能节省你一半的时间,甚至更多。

下面列出了几种常见的文字组织方式。你阅读的几乎所有材料都能归到以下三种基本组织方式下:新闻、非小说文学形式以及难度最大的小说体裁。本章中我们讨论后两种组织方式。

非小说文学的基本形式

新闻报道指的是故事、大多数评论、杂文以及其他说明文,包括一般资料书与课本。这类题材一般都采用简单的组织模式。说明文通常由三个部分构成：介绍、发展与总结。这很简单，总结往往是最重要的部分。

对于非小说文学图书而言，时间有限的高效读者一般首先看开头与结尾部分，因为他们知道最重要的内容都在这两个部分。中间部分相对次要。组织结构如下：作者在开头先给出主要观点，告知事情的发生发展或者提出问题。之后阐述观点，并给出论据。最后，对全文进行总结。

在教材或其他远比单篇文章要长的材料中，你通常能发现上述组织形式会反复出现。比如，图书的作者会在内容摘要或第一章提出主要观点或论点。同时该章节也使用相同的模式来组织：首先提出主要观点，其次是事物的发展，最后是总结。后面的章节都有各自的要点以及相应的组织方式，但都属于整本书主要观点的发生与发展。最后的章节、后记或结语部分一般用来总结作者的主要观点。

完成下面的练习，并找出组织模式。

练习 16

材料： 非小说图书、课文、从互联网上下载的新闻或者有长篇文章的杂志（非短篇）。自己选择
铅笔或钢笔（喜欢的话可以用计算机）
纸

目的： 练习如何找出非小说图书的组织模式

1. 选择任意一章或一篇内容阅读，不要太长。确保不是小说。

2. 阅读前 2~4 段（知道文章大意即可），然后跳至结尾，阅读最后 2~4 段内容（应该有总结性陈述）。

制作回忆模式，不要回头看读过的内容。尝试写出段落大意、主要观点以及你记住的其他内容。使用关键词汇或短语。

3. 从开头阅读整个章节或文章。不要回头看回忆模式，在纸的另一边或计算机上记下记住的内容。

把阅读整个章节得到的信息同单独阅读开始与结尾得到的信息进行比较。考虑所用时间的不同。

毫无疑问，阅读整个章节获得的信息肯定要比阅读开头与结尾多，否则编辑就该把中间的段落删掉了。但不能据此归纳出中间内容对整篇材料的重要性。有时候中间部分属于次要的插图与示例，但大部分时候属于对难点的逐条论述。

如果时间有限，或者是为了了解文章大意，你会花费时间阅读整篇文章还是开头与结尾段落？你可能已经知道，训练有素的读者阅读次要段落时会加快速度，而在重难点部分会放慢速度。这是你应该认真学习的内容。

就如同在阅读任何内容之前，开始确定阅读目的的这一习惯是很重要的，同样重要的是，要花费几秒钟时间来确定材料的组织结构，以便你可以开始制订一个如何攻克这份材料的计划。换句话说，你正在学习决定你想要从材料中获得的东西，以及最快获得这些东西的方式。

小说的形式

小说的组织形式更加困难。有些人认为，小说是最简单的，而且在某种程度上是真实的。几乎每个人都可以与小说相关联，因为它是基于人类的共同经验。每个人都无法与解释说明性的文字相关联。"直布罗陀猴子的生活"可能你并不感兴趣，而且你可能对猴子知之甚少。但是每个人都很熟悉人类的基本情绪，所以即使是在具有不同风俗习惯和礼仪的外国土地上的人物角色，也是相当富有吸引力的。

尽管小说从外表上看会迷惑人，让人觉得它很简单，但是小说的结构和组织往往是很有难度的。解释说明性的文字则是信息传播的一种形式，然而小说却是一种艺术形式。而且，这也是绝大多数艺术家所具备的隐藏结构技术中的一个部分。小说的基本目的不是告诉你信息或是为你提供指导，而是让你参与其中。要使事情进一步复杂化，可能作者的数量有多少，就会存在多少种组织模式。

我曾经听过的最简单、也是最好的建议来自沃尔特·皮特金（Walter Pitkin）的妻子，沃特·皮特金是多部畅销书籍的作者，其中包括著名的《四十不惑》（Life Begins at Forty），以及第一批关于快速阅读的书籍之一。凯瑟琳和瓦尔特是我家的好朋友。凯瑟琳多年来一直与瓦尔特共事，帮助他整编书籍。在我大约14岁的时候，有一天我正在努力写一篇简短的故事，这是我的英语课作业，这时她向我提供了这个建议。"一个简短的故事只不过是一个人物角色的故事，这个人物陷入了困境，而后努力摆脱这个困境。"这个简单的想法帮助我脱离了我的困境，完成了这个故事。多年后，当我开始教授快速阅读时，我更加明显地感觉到了其中的智慧。

简单地说，大多数小说的基本结构就是，我们最初会看到一个或多个人物角色试图做某件事。而后这个故事通常会变得很复杂，就比如陷入一个困境，而后解决这个困境。你会发现，这种模式不仅在短篇故事中反复出现，在小说中也是如此。在一个章节中，你会发现这种模式，或者有可能这种模式会与其他模式重叠，一个人物角色陷入他的困境，另一个则陷入她自己的困境。

通过认真地将其投入应用中，各种形式写作的意识将会立竿见影地帮助你提高效率。但是，如果第一次使用这种新的知识，你的速度会减慢一点，不要感到绝望。有时候，在学习一种新的技巧时，会发生这种速度有所减慢的情况，然而这个技巧有可能最终让你的速度变得更快。

在下面几个章节中，你将开始快速阅读，带着不同的阅读目的阅读不同的材料。此外，还会学习各种不同的阅读技巧。到那时，你的阅读效率会像滚雪球一样稳步提高。

翻到第二周实践训练，完成今天的作业。

第12章

别让翻页减慢你的速度

由于一直在做实践练习,你希望找到更简便的手动方法,现在就是学习更多简单方法的时候。在本章,你能学到一种新的手动方法以及新的翻页方法,这两种方法将让你的练习速度更快。当然,这最终意味着更快的阅读速度。练习得越快,阅读速度就越快。

"刷页"

同你学到的第一种画下划线法相比,第二种手动方法完全不同。后一种方法有点像从页面的字里行间刷过,因此称为"刷页"法。那么如何进行刷页呢?

整只手放在页面最上一行的下面,中

指在该行的中点位置。手要放松,各手指间留下间距。然后从一边开始向另一边快速摆动,就像从页面擦过一样。手一边刷一边慢慢地开始往下拉动。

第一次使用刷页法是你练习双倍/三倍练习的时候。换句话说,这种方法是让你练习阅读而不是阅读。想要知道该方法可用性有多高,把手伸到任意物体前,比如一支铅笔,开始快速地在该物体上刷过。快速刷过时,你能透过手指很清晰地看到该物体。刷过的速度不够时,就很难看到该物体。图12-1给出了手指刷页方法的示意图。

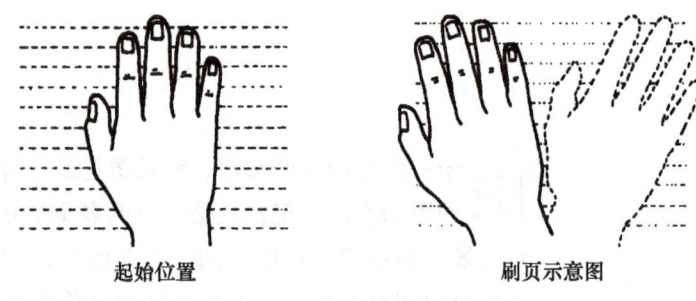

起始位置　　　　　　　刷页示意图

图12-1　手动刷页法

在下一章中使用该方法前,确保先用你自己的书进行练习。翻到任意一页,按照下面的说明进行练习。但是要记住你不是在阅读,而是在练习阅读。

1. 手掌朝下放平,保持放松,手指在页面第一行下适当散开。

2. 开始摆动,从手腕往下移动整个手掌(不是整个手臂),快速从左边移动到右边,来回重复。一定要左右移动手指。持续进行,避免中断。

3. 手指一边摆动一边往下移动,直到刷完整个页面。利用10秒或更短的时间刷完整页内容。你可以数着数"1""2""3"等来进行,直到能轻易地完成该动作。练习几页后,你就为练习双倍/

三倍练习做好了准备。

> **练习 17**
>
> 材料：一本简单的书
> 　　　铅笔或钢笔
> 　　　计时器
>
> 1. 在开始位置做标记"1"。
> 使用手指引导阅读新材料 1 分钟。
> 在阅读结束位置做标记"2"。
> 可选项：计算你的阅读速度。
> 2. 用 1 分钟时间重读相同部分，尝试阅读更多的内容。
> 当阅读到更多内容时，在结束位置做新标记"3"。
> 3. 确定标记"1"~"3"大概的行数。在标记"3"后设定新的部分，做标记"4"作为结束位置。
> 使用刷页法，利用 1 分钟的时间从标记"1"阅读到标记"4"处。注意不要移动得太快。
> 尝试控制你的阅读节奏，在限定的时间内完成即可。
> 按照标记"3"到标记"4"中间的行数，从标记"3"往后设定数量大体相同的部分，标记"5"为结束位置。
> 4. 利用 1 分钟，以最快速度从标记"5"处开始阅读。
> 使用画下划线的方法引导阅读。
> 在阅读结束位置做标记"X"。
> 计算从标记"5"到"X"的阅读速度，记录到进步文件中。

你是否发现能更容易达成目标了？第一次练习双倍/三倍练习时没有介绍该方法，对此你可能很疑惑。原因很简单：在扩大到双倍/三倍阅读量时尝试理解阅读材料后，你才能做好学习该方法的准备。换句话说，练习阅读时，必须首先在限定时间内到达标记位置，至于理解与否并不重要。但是，你须尝试从材料中得到一些信息，因此使用该方法时也要尝试获取一些材料信息。这能让你做起标记来更容易些。

雨刷的神奇妙用

刷页法的版本很多，它的另外一些名称如雨刷、扫寻及刷子等会激发你更多的联想。我最不寻常的一次经历发生在匹兹堡，当时，一名助教急匆匆地把我从办公室叫出去，让我观看一位很出名的学生的练习课。之所以出名是因为他很不寻常，他学习努力、成绩优秀，但有时显得死板教条。当时，他正忙着使用雨刷法练习阅读：大拇指停留在离耳朵最近的眉毛处，手像雨刷一样来回摆动。练习下一页时换手换眼。为了让他在要求的页面进行手动，我决定用"刷页"作为它的新名称，而且这也很形象。

解决非阅读问题

你可能在翻书上还存在一些问题。如果用的是平装书，你会发现很难把页面放平。阅读精装书时，在练习过程中得停下来翻页，因此浪费了不少宝贵时间。我们有办法解决上述问题。现在来学习一下吧。

你应该首先知道如何让书放松。材质硬的新书很难放平。你可能已经发现书必须恰当地放平，以便翻页以及手动引导阅读。解决办法很简单，按照图 12-2 中的插图操作即可。

1. 把书脊放到平面上。双手拿书，书与平面相垂直（见图 12-2a）。
2. 打开前后封面，拇指尽量接近装订处（见图 12-2b）。
3. 从前后各翻开几页，然后拇指放到接近装订线位置。继续下去，每次数页，直到书的中间位置（见图 12-2c）。

4. 完成后，拨弄所有页面数次，让纸张变得更柔软（见图 12-2d）。注意，你在放松书的时候，不要从书的中心位置把书打开，然后用拇指在装订线上下移动，因为这样会使书的装订线破裂。用胶装订的平装书更需要小心。注意要一直从外向里放松书。

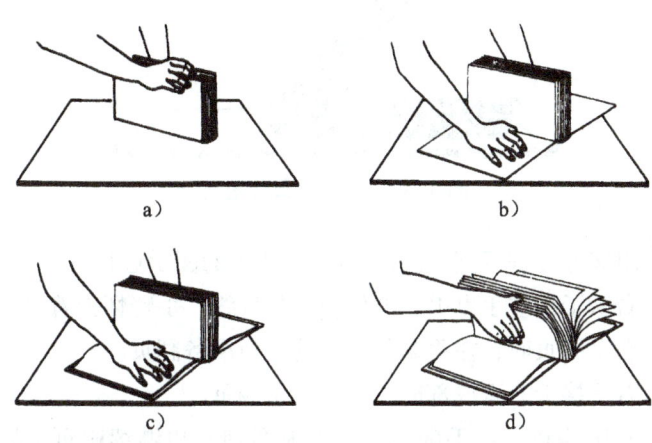

图 12-2　放松书籍四步法

但更要注意，一些平装书为降低成本装订得很差（用胶很少），以至于放松书时装订不可避免地会裂开。

快速翻页

学完第 3 章后，你已经知道最佳读书姿势是让你的视线同桌上的书形成 45 度角。为了做到这一点，在你阅读的书背后和下面垫放 6～9 厘米高的物体，如图 12-3 所示。

完成后，最简单的翻页法是用手作为节拍器。右撇子用左手，左撇子用右手。起初可能会觉得有点怪怪的，但稍加练习就能轻松做到。不要认为这不值得学习。要想成为速读者，这样的方法对你的练习绝对重要。因此，现在就学习并培养良好的习惯。然后准备好继续往下学习时,你只需把注意力放在阅读技能上,但绝不是纯粹机械式的技能。

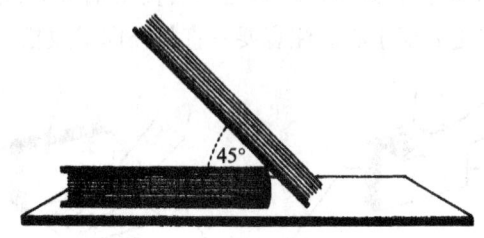

图 12-3 读书的最佳姿势

采用该方法进行翻页。按照图 12-4 中的图示进行。

1. 右撇子用左手拿书,握住中心装订线;手臂怀抱着书。
2. 右手刷页时,左手拿起右页的一角准备翻页。
3. 右手接近右页底部时,左手开始翻页。
4. 不用停止,左手翻页,右手返回到左边继续刷页(左边)。

对于这种翻页方式,左撇子明显更有优势,可能他们习惯这样做。左撇子的移动方式完全相反。翻页时,你可以从底部到顶部翻阅,(如果你是左撇子的话)也可以反方向进行。怎样简单就怎样。

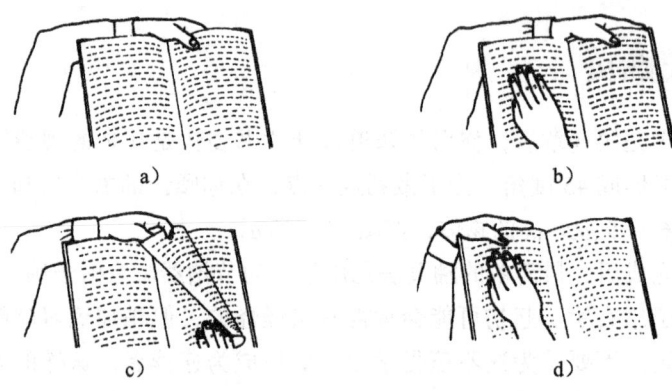

图 12-4 快速翻页

练习翻页时，最简单的方法是把翻页当成练习的一部分。下面是一个翻页练习，你可以采用刷页方法同时练习两种技巧。

> **练习 18**
>
> 材料：任意一本书
>
> 1. 放松书本，确保页面能放平。
> 2. 书下用另一本书支撑，形成 45 度视角。左手打开书（右撇子），右手放在左页面上。
> 3. 利用大约 10 秒钟刷左页。
> 大声或默数到 10。
> 左手准备好拿起页角翻页。
> 4. 利用大约 10 秒钟刷完右页面。
> 接近底部时，用左手翻页。
> 同时右手返回到刚翻的左页上，并马上开始刷页。
> 5. 继续练习若干页内容，直到能轻易完成为止。

更进一步

如果你打算熟练掌握这些技能并为后面的练习做好充分准备，请练习如下翻页与刷页：掌握练习 18 中的 10 秒翻页后，练习 8 秒翻页，然后是 6 秒翻页，最后做到 2 秒翻页。等你能轻松做到不间断翻页时，就掌握了这些简单的技能。

翻到第二周实践训练部分，完成今天的作业。

第三周实践训练

完成第 1～12 章的学习，然后利用 6 天的时间进行第一组实践训练。之后，你应该进入下一组练习的学习。首先利用一整学时进行新的练习，随后几天每天阅读一个新的章节,从第 13 章开始。然后重复练习,或者尽可能多地进行练习。

按顺序进行练习,最好完成今天的章节。同以前一样,每天练习 20 分钟,单做第一个实践训练即可。每天练习 40 分钟时,先做第一实践训练,再做第二个实践训练,以此类推。

每天练习超过 1 个小时时,明智的做法是把练习时间分段。比如,想取得更大进步的学生,每天练习时间延长到 2 ~ 3 小时,分两个学习时段进行练习。你花在单个练习上的最长时间应该控制在 1.5 小时 / 每天。

✓ 这周的实践训练用到的材料

计时器

铅笔

A4 纸

你清单当中的一两本书

实践训练 5

材料:基本书目

目的:阅读速度加倍

预计时间:20 分钟

目标:轻松做标记

每个学段应重复练习三次。

图示:

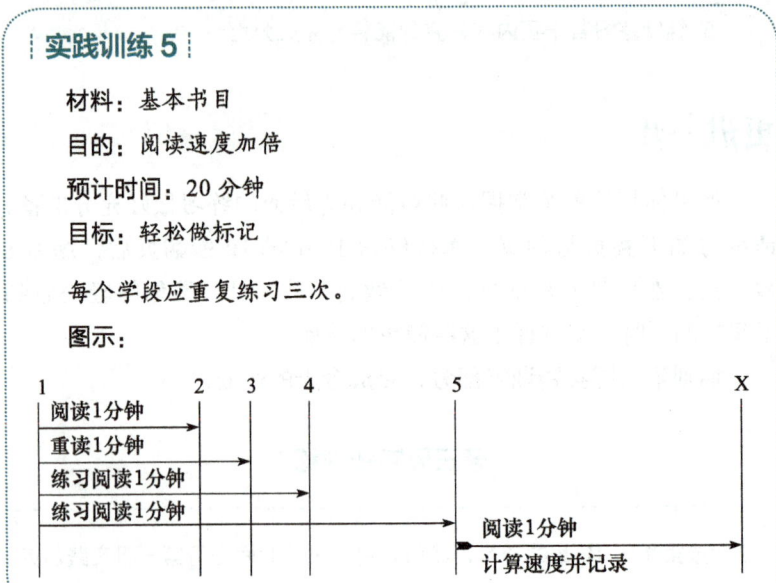

练习说明：

1. 从开始阅读位置做标记"1"。

手指引导阅读 1 分钟。

在结束位置标记"2"。

可选项：计算你的阅读速度。

阅读目的：理解阅读材料的内容。你无须记住任何信息，看你能多快达成目标。

2. 用 1 分钟的时间重读相同部分，尝试阅读更多的内容。

如果阅读了更多的内容，做新标记"3"。

3. 从标记"3"往后做新标记"4"，标记"3"到标记"4"的阅读量应大体等同于标记"1"到标记"3"的阅读量。练习在 1 分钟内从标记"1"阅读到标记"4"。

4. 从标记"4"往后做一新标记"5"，标记"4"到标记"5"的阅读量应大体等同于标记"3"到标记"4"的阅读量。练习在 1 分钟内从标记"1"阅读到标记"5"。

注意：重复步骤 4，直到练习阅读时能做标记为止，然后再进入步骤 5。

5. 利用 1 分钟，以最快的速度从标记"5"开始阅读。在结束位置做标记"X"。计算你从标记"5"到标记"X"的阅读速度，记录到进步文件中去。

实践训练 6

材料：基本书目

目的：阅读速度加倍

预计时间：25 分钟

目标：轻松做标记

备注：实践训练 6 是由实践训练 5 变化而来，但更强调理解与回忆能力。

图示：

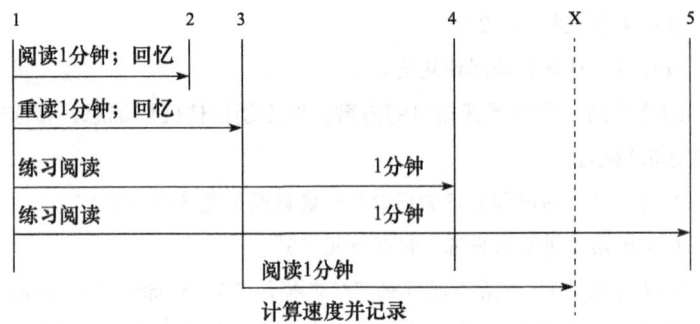

练习说明：

1. 在开始阅读位置做标记"1"。以最快速度从标记"1"开始阅读 1 分钟。在阅读的结束位置做标记"2"。开始制作回忆模式。从在斜线上记录大意开始。

2. 用 1 分钟时间重读相同部分，尝试阅读更多的内容。

如果阅读了更多的内容，做新标记"3"。

3. 从标记"3"往后做新标记"4"，标记"3"到标记"4"的阅读量应大体等同于标记"1"到标记"3"的阅读量。练习在 1 分钟内从标记"1"阅读到标记"4"。

4. 从标记"4"往后做新标记"5"，标记"4"到标记"5"的阅读量应大体等同于标记"1"到标记"3"的阅读量。练习在 1 分钟内从标记"1"阅读到标记"5"。

5. 返回到标记"3"，以最快的速度阅读 1 分钟。在结束位置做标记"X"。把记住的新信息添加到你的回忆模式图上，并在 1 分钟内制作新的回忆模式。计算你从标记"3"到标记"X"的速度，并记录到进步文件中。

实践训练 7

材料：基本书目
目的：学习快速确认段落主旨
预计时间：10 分钟
目标：看你在 5 分钟内能阅读多少段落

1. 从书目中任选一段新材料。可以的话，选择包含 4～10 行的段落。
2. 用手指引导阅读，以最快的速度阅读，同时要有阅读目的。
阅读目的：找出段落主旨。
3. 不要回头看读过的段落，在纸上画一条短斜线。你应该能在纸的一边画出至少 6 条斜线，在斜线上写下记住的内容，一个词组或短语都可以。
4. 如果你还记住了其他内容，把细节写在支线上，自下而上交错记录。

注意：牢记你的目的不是记住细节，而是知道大意。

5. 记录你 5 分钟内阅读了多少段落。练习完同一本书或难度相似的其他书后，应该每天多做些练习。

实践训练 8

材料：基本书目
目的：在日常阅读中应用学到的新技巧
预计时间：10 分钟
目标：保持阅读速度超过初始速度

可以重复练习，但最好在完成实践训练 5 或实践训练 6 之后进行。

图示：

1 ------------------------ 约10页内容 ------------------------ 2

练习10秒读一页内容：使用"刷页"

练习5秒读一页内容：使用"刷页"

阅读：使用"划线"法并观察目的

练习说明：

1. 从基本书目中任选10页内容。准备记录阅读需要的时间。

2. 使用刷页手动法，以每页约10秒的速度练习阅读整个部分（如果你觉得数数有帮助的话，可以边刷页边数数，1、2……）。10页内容用时不要超过1分半钟。

3. 使用刷页手动法，以每页约5秒的速度练习阅读整个部分，10页用时不要超过1分钟。

4. 注意时间。带着阅读目的，以最快的速度阅读整个部分。

阅读目的：找出文章主旨。想获取更多内容的话，就要提高你的阅读速度。

5. 计算你的速度，然后记录到进步文件上。计算速度时，首先算出阅读的总字数（以每行的平均字数乘以阅读的行数）。其次，用总阅字数除以所用时间。示例：阅读页数每行 $9\frac{1}{2}$ 单词，阅读了8行，则阅读的总字数是212（8×212=1696）。阅读时间：$3\frac{1}{2}$ 分钟。每分钟阅读的单词数：1696÷3.5=484WPM。

第13章
chapter13

让有难度的阅读变得简单

一般情况下，你不用担心是否理解文章，但也有例外的情况。老师留给学生的作业可能是一篇很难读的文章，或许你每个单词都认识，但就是不能理解整篇文章的意思。也许是作者的文章太抽象了。

抽象的文章如何影响你的理解

相比形象或具体的文章，阅读抽象的文章往往要花费更多的时间。这是因为每遇到一个抽象概念，你都得在脑海中具体化后才能理解。比如，要理解"相对论"这个词，你必须在脑子里想想这是个什么理论（如果你知道的话）。但如果我说2个苹果加2个苹果等于4个苹果，你马上就能理解我的意思。

同样，如果作者是在讨论一个彩色的饮料容器，你就得想想他说的彩色是什么样的。彩色不是一个具体的概念，可以代表许多不同的颜色。饮料也包括很多类别，而容器包括玻璃杯、大水罐或牛奶罐等。如果作者写的是"红色咖啡杯"，你就能马上明白他的意思。

阅读抽象的文章时你会遇到更多困难。幸运的是，我们有办法来应对。我们最近才发现，每个人说话和写作都有自己的模式。理解了作者的写作方式，通常就能分析理解有难度的文章。这将极大地帮助你获得更好的理解。

写作与说话方式

说话或写作时，我们往往会围绕一个想法说出或写出成段或成群的句子。开头部分通常会告诉你要写的内容，然后再给出更多详细的内容。第一次出现的文章主题或话题通常给出的只是一个概括或抽象的介绍。这通常是最难理解的地方。

随着作者或说话的人一步步往下推进，更多的具体细节将出现，从而让理解变得简单。原因是后面段落为第一部分提供了示例或者解释。一般情况下，文章会提供具体的例子或解释，让你理解起来更简单。阅读有难度的文章时，你可能理解不了第一部分，但通常可以理解其他部分。学会找出第一部分跟其他部分的关系后，你就能很容易地理解有难度的文章。

抽象程度

句子都或多或少有一定的抽象性，或概括或具体。因此，我们要给每个句子都评级，以揭示句子的抽象程度。培养这种意识对读懂有难度的文章至关重要。幸运的是，这很容易做到。

文章 95% 的主题句与段落首句的抽象等级都是 1 级，这是概括程度最高的等级。具体句子（更容易理解）的抽象等级用较大的数字表示。由于只存在这两种情况，因此句子的抽象程度很容易确定。句子或者告知更多关于主题句的内容，或者告知更多关于前面句子的内容。

通常有下面三种模式。要确认属于何种模式非常容易，下面是其中之一。

一件蓝色外套落在了衣帽间。外套的袖子破了。没有人知道它是谁的。

在上面的例句中，第一句告诉我们段落主旨，因此抽象等级为 1，即概括程度最高的句子。第二句"袖子破了"告诉我们更多关于蓝色外套的信息。由于是具体讲述，我们将其归为等级 2。第三句跟第二句相同，其中的"它"指向了第一句，但并没有告诉我们更多关于袖子的信息。因此，也归为等级 2。图示如下：

等级1	一件蓝色外套落在了衣帽间。	
等级2	外套的袖子破了。	没有人知道它是谁的。

第二种模式跟第一种一样简单。在第二种模式下，每句话都对其前面一句话提供了进一步的说明。适当改变上面的例句就能很容易地看出来。

一件蓝色外套落在了衣帽间。外套的袖子破了。明显是用刀子戳的。

同上，第一句话还是概括程度最高的句子，抽象等级为 1。第二句跟上例中一样，对前一句话提供了进一步解释，因此评为等级 2。但第三句有些不同了，这句话不再指向主题句了，而是进一步对第二句话进行解释。由于内容更具体了，我们定为 3 级。图示如下：

等级1	一件蓝色外套落在了衣帽间。
等级2	外套的袖子破了。
等级3	明显是用刀子戳的。

所有句子都告诉你更多关于前一句的信息，或者指涉另一个句子，通常是主题句。对上面两种模式稍加变化就能得出第三种模式。

一件蓝色外套落在了衣帽间。外套的袖子破了。明显是用刀子戳的。没有人知道它是谁的。

该例除了最后一句同第二个例子完全一样。

等级1	一件蓝色外套落在了衣帽间。
等级2	外套的袖子破了。
等级3	明显是用刀子戳的。

最后一句很微妙。"没有人知道它是谁的"并没有告诉你任何关于前一句的更多信息，相反却指涉主题句，即第一句话。因此，仍然归为2级。

理解了这些简单的模式后，你就知道了作者或说话人的写作与说话的方式。开始时先概括，往下说出具体内容。有时候，具体与概括的句子会交替出现。

"测试"问题

要找出句子之间是否相互指涉，只需简单地问自己，一句话同另一句话中的什么内容有关联。如果有任何疑问（可能指涉两个句子任意一句中的内容），想想你说出了关于哪个句子的更多内容。

有时候两个句子中使用的词语都相同。

通常情况下，代词（它）指的是前一句中的名词（外套）。同义词（内涵相同）或短语有可能指的是同一个词。因此，有时候理解起来有难度，但总有其他关联的词或短语能提供线索。现在，让我们看看你能认出多少。

练习 19

材料：纸
　　　钢笔或铅笔

确定下面段落中第三句话的抽象级别：等级 2 还是等级 3？（说出更多关于第一句或第二句的内容。）在纸上画出图示。

1　玛丽·琼斯住在马里兰州的贝塞斯达。
2　她喜欢运动。
3　她最喜欢滑旱冰。

示例：

玛丽·琼斯住在马里兰州的贝塞斯达。她喜欢运动。她最喜欢滑旱冰。

A. 汤姆·穆迪很不高兴。他没有通过营销课考试。他没学过它。

B. 弗兰克·诺斯住在纽约。他喜欢上网。他也是一个好学生。

C. 波利·兰金来自俄亥俄州克利夫兰市。她是一名好学生。她还是许多俱乐部的成员。

D. 罗纳德·布里克喜欢设计。他设计家居和办公室内饰。有时他还设计面料和壁纸。

E. 洛里·曼明住在佛罗里达州。她以前住在加拿大多伦多。但现在她更喜欢佛罗里达相对温暖的气候。

F. 西蒙·贝克是一个懂创新的厨师。她不仅成功地找到了事业和家庭生活的平衡，还烹饪出许多美食。她丈夫说她应该尝试入行餐饮业。

> G. 莎拉·布里奇斯是个聪明的学生，梦想考入常春藤联盟学校。她上了荣誉榜，同时积极参加许多课外组织。她被选为"最可能成功的人"。
>
> H. 道格·伍德是我认识的人当中性格最开朗的。即使生病了，他还能和大家开玩笑。他的脸上总挂着微笑。
>
> I. 韦尔拉·尼尔森是一名很棒的老师。他最大的优点之一是耐心。他既能教好成年人，又能教好小孩。
>
> J. 安妮是一名优秀的运动员。足球是她最喜欢的运动。她最喜欢防守。

如果有些问题的答案不确定，查看本章结尾，但你要自己先解决，确认第三句话是否提供了更多关于第一句和第二句的内容。总会有些词或短语指向另一句子中与其相关的词或短语。

顺利完成三句话的段落后，该练习四句话的段落了。对于四句话的段落而言，第一句是主题句，告诉你段落大意。下面所有段落的第二句提供了更多关于第一句的内容，归为等级2。第三句告诉你更多关于第一句或第二句的信息，因此归为等级2或等级3。根据前面的句子，第四句可以归为等级2、等级3或等级4。祝你好运！

练习20

材料：纸
　　　钢笔或铅笔

1. 确定下面段落中的第三句话的抽象等级：等级2还是等级3？（提供更多关于第一句或第二句的内容。）在纸上画出图示。

2. 确定第四句话的抽象等级：等级2（更多关于第一句话的内容）还是等级4？（更多关于第三句话的内容），并添加到你的图示中。

> 示例：
>
> 玛丽·琼斯住在马里兰州的贝塞斯达。她喜欢运动。同时学习也很优秀。最喜欢的学科是数学。
>
> 1　玛丽·琼斯住在马里兰州的贝塞斯达。
> 　　2　她喜欢运动。　　　　同时学习也很优秀。
> 　　　　　　　　　　　3　最喜欢的学科是数学。
>
> A. 约翰·富兰克林住在亚利桑那州坦佩市。他喜欢运动。他是橄榄球队队长。但橄榄球并不是他最喜欢的运动。
>
> B. 艾伦·贝尔住在纽约。他喜欢乡村地区就像喜欢城市一样。佛蒙特州有他最喜欢的乡村地区。他喜欢去佛蒙特州滑雪。
>
> C. 邦妮·雷斯顿住在洛杉矶。她喜欢学校。最喜欢的学科是企业管理。她也喜欢体育。
>
> D. 马克·坦普尔住在加利福尼亚州蒂伯龙。他的家在高山上。他是一个优秀的运动员，也是一名好学生。他过去在少年棒球联盟打球。
>
> E. 史蒂夫·哈德纳住在亚利桑那州坦佩市。他喜欢体育运动。他是篮球队的队长。壁球是他最喜欢的运动。

要花点时间才能快速识别句子的等级。掌握了以后，你就会发现自己能对所有复杂的文章进行分析。因此，这很值得学习。你无法理解的部分通常是文章中概括程度最高的部分，但往后阅读就是你能理解的具体内容。对一部分内容的理解能帮助你理解难理解的部分。一旦掌握了这一技巧，难读的书就会变得容易。你完全可以把这当成一种智力运动，事实也确实如此。

开始今天的练习前，先看看练习中不同段落的说明如下。

练习 19 的答案：先给出各个段落句子的级别，然后指出词汇或短语代指其他句子中的哪些内容。

A. "1"／"2"／"3"（"它"提供了更多关于"营销课考试"的内容）。

B. "1"／"2"／"2"（"好学生"提供了更多"弗兰克"的信息，与"上网"无关）。

C. "1"／"2"／"2"（"俱乐部的成员"提供了更多"波利"的信息，与"学生"无关）。

D. "1"／"2"／"2"（"面料和壁纸"提供了更多关于"罗纳德"的信息，与"内饰"无关）。

E. "1"／"2"／"2"（"更喜欢……气候"提供了更多关于"洛里"的内容，关于"多伦多"的信息不多）。

F. "1"／"2"／"3"（"平衡"提供更多关于"西蒙"的内容，与"厨师"无关）。

G. "1"／"2"／"2"（"积极"提供了更多关于"莎拉"的内容，同"荣誉榜"无关）。

H. "1"／"2"／"2"（"微笑"提供了更多关于"道格"的内容，同"生病了"与"开玩笑"无关）。

I. "1"／"2"／"2"（"教好"提供了更多关于"韦尔拉"的内容，同"耐心"无关）。

J. "1"／"2"／"3"（"防守"更多指的是"足球"而不是"运动员"）。

练习20答案：先给出各个段落句子的级别，然后是词汇或短语所指其他句子中的哪些内容。

A. "1"／"2"／"3"／"4"（"橄榄球队"指的是"运动"，而不是"橄榄球"）。

B. "1"／"2"／"3"／"4"（"乡村地区"指的是"乡村"，"佛蒙特州"指的是"佛蒙特州"）。

C. "1"／"2"／"3"／"2"（"最喜欢的学科"指的是"学校"，"喜

欢体育"指的是"邦妮",并没有给出更多关于"企业管理"或"学校"的信息)。

D. "1" / "2" / "2" / "3" ("优秀的运动员、好学生"指的是"马克",没有给出更多关于"家"的信息,"棒球联盟"给出了更多关于"运动员"的信息)。

E. "1" / "2" / "3" / "3" ("篮球队"指的是"运动","壁球"是指前面的"运动",没有给出更多关于"篮球"的信息)。

翻到第二周实践训练 5 ~ 8,完成今天的作业。

第14章
chapter14

怎样才能快速阅读

现代社会的出版物以及电子资料数量剧增,需要阅读的时间也越来越多。因此,我们有必要提高阅读速度。过去没有电视、互联网、收音机、电子邮件、电影、CD、手机、笔记本计算机以及汽车等。我们在安静的夜晚通过阅读长篇小说打发时间,因此长篇小说一直备受青睐。但到了现代,晚上靠读小说打发时间的时代已经一去不复返了。

以前,人们使用设备来提高阅读速度,比如称为速示器的装置以及其他阅读定速设备。人们使用这些设备可以实现良好的效果。但一旦拿走了设备,阅读速度就会降下来。

伊芙林·伍德的惊人发现

50年前,伊芙林·伍德还是盐湖城外一所中学的阅读教师。那个时候,她就开始了快速阅读的研究。她发现有些人的阅读速度出奇的快,但没有任何理论能对每分钟超过 400 个单词的阅读速度提供解释。她的良师益友、犹他州大学的洛厄尔·利斯博士阅读速度就快得惊人。伊芙林对他进行测试后发现,他每分钟能阅读 6000 个单词以上,而且理解得很好。难怪他被誉为"活的百科全书"。

她四处寻找其他读书快的人,最终找到了 100 多位每分钟能阅读 1500 个单词左右的人。她把这一速度作为最低标准,对这些人进行了研究,为的是弄清楚他们的阅读方法以及速读的习得。她发现了他们的阅读方法,但搞不清楚习得过程。大多数人并不知道自己的与众不同,他们就是这样读书的。

下一步她尝试教会自己快速阅读。她说这是一个非常艰难而沮丧的过程。跟丈夫住在盐湖城外峡谷上的小屋时,她夏天练习阅读。有一次,在练习《翠谷香魂》(Green Mansions)一书时,她对自己没能力快速阅读非常愤怒,把书扔到了一条小溪边。捡起书抚掉书上的尘土时,她注意到手的移动能让她每次看见并阅读一个以上的词,因此她发现了用手控制阅读的节奏。

慢速读者与快速读者的不同之处

我们观察到天生读书快的人与读书慢的人在眼睛运动上的不同。众所周知,为了看到阅读文字,眼睛要在看到的事物上短暂停顿记录,就像看到图片时一样。一般读者的眼睛就像穿过屏幕的光标,从一个词跳到另一个词。读完一行后,迅速返回到左边继续阅读。眼动的图示如下:

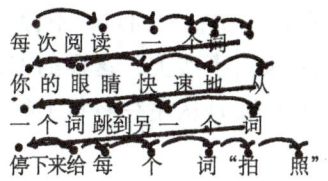

观察速读者眼动时，伊芙琳·伍德发现了他们的独特运动方式。眼睛停顿得很少，表明他们每次能看到不止一个单词。事实上，每分钟阅读量超过 240 个单词的人的眼睛都以这样的方式运动，如下图所示：

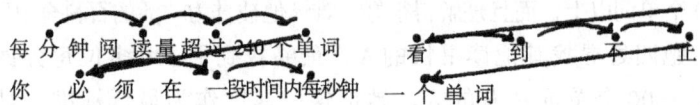

对于速读者来说，两方面存在显著差异——眼睛以斜线形式向下移动，而不是沿字行移动，如下图所示：

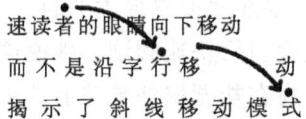

但让人更惊讶的是，他们在返回阅读途中也有停顿，而不是像大多数读者眼睛那样直接返回到页面左边缘。因此，有时候似乎是在反方向阅读。无论做什么，他们眼睛的运动模式如下所示：

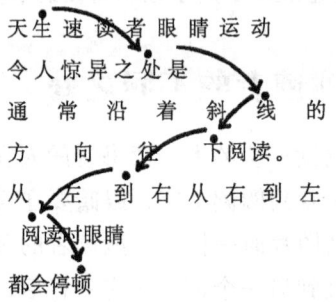

这一模式没有什么神奇之处，实际上完全是天生的。你看照片或图画就是这样。眼睛一次扫视而过，不会一个词一个词地看，或者以老师教的方式细读。事实上，这样的方式会让人笑话。想想你在看一张砖墙照片，要是从左往右从上往下一块砖一块砖地看，那有多么滑稽！

如何看眼睛运动

你对如何看眼睛运动可能会感到困惑。这确实不容易,但很有意思。坐在桌前读书,首先要慢慢读。坐在或蹲在读者的对面观察读者的眼睛运动,不久就能看到眼睛在"看"词汇时经历的短暂停顿。这在眼睛突然返回下一行时很容易看到。

即便是条件不佳,也能观察到眼睛运动。比如,有些人的眼睑长,很难看到眼睛,但细心的观察者能透过眼睑看到眼动。有时候从一侧也能观测到眼动。有一点经验后,你会发现这很容易。

眼睛能看多少内容

我们总认为每次只能看到 1 个或者 2 个单词,但情况不是这样的。眼睛是在画圈而不是走直线,能清楚地看到半美元大小的区域。因此,无论是否意识到这一点,你每次看到的都不止一个单词。事实上,每次不可能只看到一个单词,不信你试试。下面段落中包含"鲍勃"一词,你阅读时是不是只看到鲍勃一词。

> 远处河岸上有一间小屋,至少看起来像小屋。我能看到有小股炊烟从烟筒似的东西中飘出。鲍勃也能看到炊烟。兰杰告诉我林子里数月以来一直无人居住。我们都有点焦急。

你很快就能发现自己看到的不只是"鲍勃"一词,还有"鲍勃"前后的词语,甚至更多。看图片时,你的眼睛会捕捉整个图片的内容。但练习阅读时,你一直是逐字逐句地读。不但默读每个单词,而且还装作没看到其他词语。但现在,你已经知道可以一次看到不止一个词语。

为何一次理解不了多个单词

看到了全部单词但不能都理解，对此你会感到困惑。你可能还记得，但单词次序颠倒时，比如一个单词在另一个的顶部，理解起来就会相当困难。你之前学会的就是看到并说出单词时才能理解，所以你做不到同时理解多个单词。现在，你必须练习如何理解成组的单词。不要害怕，这并不像你想的那么难（但确实需要练习）。事实上，你已经开始了小规模练习。

第一次开始练习阅读时，你每次看到的可能都是单个字母，慢慢地就能看到几个字母、几个音节，然后是整个单词。现在，当你看到一个词时，比如"difficult"一词，实际上并没有逐个看构成单词的字母，而是字母组成的整体。你并没有意识到自己从左到右或从右到左读了字母，你看到的只是单词的含义。这跟你每次阅读词组是一个道理。

开始第一步

第一步是学习新的手动方式。这并不难，但要求速度很快。目的是练习一次看到词组，而不是读出来。这是学习真正速读的第一步。

新的手动方式被称为画圈运动。你需要一边画圈一边阅读。按照图14-1所示的模式，用你的食指先在第一行下画线，再向下移动三行或更多行。手指从右往左返回时快速画圈。

重要的是画圈速度要非常快。快速画圈时，手指的快速移动会吸引你的眼睛，以便透过手指看到圈住的三行或更多行的内容。

这里并不是让你真的去阅读圈内的词汇。画圈的速度不够快时，你的手会挡住单词，什么也看不到。首先应该一边画圈一边数数（1、2、3、1，等等），利用最多3秒钟画下划线，然后返回来画圈。进行下面的练习，为明天下一步练习做好准备。在这之前，确保完成今天的实践训练。

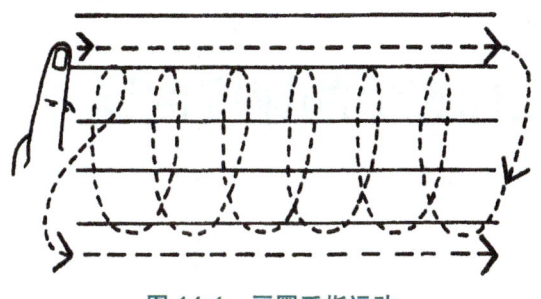

图 14-1　画圈手指运动

练习 21

材料：任选一本书

1. 从任意一章开始。

用食指在段落第一行下画下划线，然后向下移动三行或更多行，从右向左返回时快速画圈，向下移动 1 行再开始。

2. 确保你能看到全部单词（不是在阅读），简单的测试让你知道看到的是英语还是其他语言的单词。

3. 练习 5 分钟，直到你能轻松地画圈。愿意的话，你可以反复练习相同的章节。

翻到第三周实践训练 5 ~ 8，完成今天的作业。

第15章 chapter15

学会以你想象的速度阅读

很多人每分钟的阅读量能达到数千单词,同时理解能力也很好。当然,也有很多人阅读速度很慢,而且理解得也不到位。有的速读者理解能力很差,而有的慢读者理解能力非常强。

某些阅读专家会说你的阅读速度超不过一定限值(有人说每分钟的阅读量不可能超过400个单词,但许多专家都承认有的人速度能达到约1200个单词/分钟)。但是,大多数高效阅读教师都认为你的阅读速度提高2~3倍很容易。此外,阅读速度提高到原来5~10倍的例子也比比皆是。

围绕"阅读"一词的界定,业界对阅读速度究竟能多快存在分歧。按照阅读目的,我把阅读定义为阅读、充分理解文章意义以完成阅读目的的过程。跟读小说或研读课本一样,从电话本里找名字也是阅读。速度会随目的而变,你了解与阅读的内容也会变，但这是理所当然的。

在认为每分钟的阅读量超不过 400 个单词的所谓专家看来，阅读就是逐字逐句地读，读完默读给自己听。要是接受他们的定义，就须接受他们给出的速度。因此，想以每分钟超过 1000 个单词的速度轻松阅读小说的话，你就必须摒弃他们对阅读所下的定义，不要一次捕捉一个单词然后默读出来。

不要想着以同样的速度与目的进行阅读。要是有这样的想法，不如不读书。即便读了，你也不能全神贯注地阅读，反而会觉得不知书中所云，而且阅读时间总是不够。

速读给你不同的感受

速读能给你带来不同的感受。你可能已经感受到默读不能完全消除。首先，你的感觉就不一样。有些人可能觉得有点空，其他人会非常不安。要进行大量练习才能培养舒适与安全感，这是学习众多技能所必须经历的阶段。

你在进行双倍/三倍练习时可能已经体验过"空空"的感受。我们对发生了什么进行考察，这将有助于增进你的练习体会。开始学习阅读时，老师要你大声读出来，这样你才能理解所读的内容，然后老师让你默读。你通过下面的方式进行理解：眼睛看到单词后会向大脑发出视觉信号，但同时你还在回忆你脑海中听到过的单词的声音，因此也有听觉信号。图 15-1 给出了阅读过程草图。

1. 一次捕捉一个单词时，你既看到也听到了单词。发出视觉与听觉信息给大脑，然后才能理解。

2. 而当你每次捕捉超过不止一个单词时，则主要靠视觉来获取单词的意义，原因是你阅读的速度太快，没有时间默读出所有单词。

3. 练习双倍与三倍阅读时，你的速度快到来不及读出全部单词，因此，你在进行向大脑发送视觉信号的练习。大脑接收到能看但不能默读单词的指令。大脑似乎能接受。进行理解性阅读并完成练习时,你可能发现自己的阅读速度提升了(在你进行双倍/三倍练习时,练习做标记后速度才能提升)。如果够幸运,你的速度以及理解能力都会提升。有些人发现理解能力比之前好了,但大多数人会发现理解能力比以前稍差一些。有可能是理解能力存在波动,或者记忆仅限于阅读过程中,阅读结束不久就忘记了。

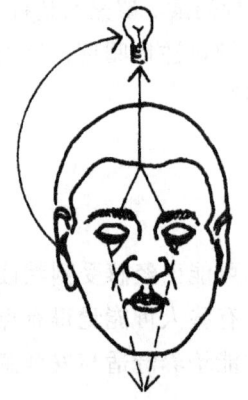
一次捕捉一个单词时,你既看到也听到了单词。发出视觉与听觉信息给大脑,然后才能理解。

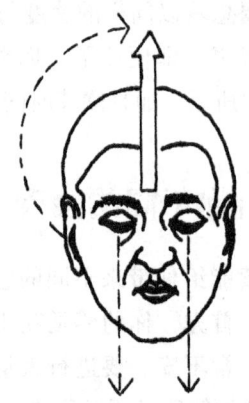
当你每次捕捉超过不止一个单词时,则主要靠视觉来获取单词意义,原因是你阅读的速度太快,没有时间默读出所有单词。

图 15-1 阅读时大脑如何理解

原因很明显。如果速度有所提高,比如 50 或 100 个单词,你默读的单词数量肯定很少了。因此,你不应对理解期望过高。但练习速读的次数越多,你的大脑适应该习惯的时间就越短。你很快就感觉这样的方法用起来很舒服,并且能记住阅读的内容。现在,你能理解双倍与三倍阅读练习为什么是最重要的部分了吗?阅读时不要为了理解放慢速度,否则就是在给你自己帮倒忙,就成了练习慢读,而慢读根本就无须练习。当然,究竟选择何种方式由你自己决定。

快速阅读时如何理解

开始练习画圈后,你的眼睛每次要捕捉这么多单词,又该如何去理解呢?除此之外,阅读过程中你还在变化阅读的方式(反向阅读),对此你可能会困惑。你不想阅读的答案多半会从练习中产生。知道阅读的前提能让你完成得更容易。

开始学习阅读时,你每次看到的可能都是单个字母。你的名字可能是第一个整体认读的单词。后来,你慢慢地开始将多个字母组成的单词看成一个整体,而不是部分。今天,你再看到一个单词时,如我们所讨论的,你不会意识到构成单词的各个字母,你认知的是作为整体的单词及其意义。然而,当单词拼写有明显错误时,你能马上挑出错误的字母。你没有从前往后或从后往前逐个查看字母,而是作为一个整体来看。即便这样,你还是能理解单词的含义,并且对你来说错误很明显。这就是视读的过程:每次捕捉到词组并获得单词的意义。

不是每个单词都有意义

一篇文章的意义事实上包含在一小部分单词的含义中,这是你每次能阅读多个单词的原因之一。据统计,英语单词总量超过600 000,但结构词(数量不到400个)的使用频率高达65%。

布朗大学针对词语使用频率开展的一项研究非常有意义。在超过134 000个单词的正文中,有122个词出现频率最高,其中有意义的实词仅仅20多个,其他102个都是虚词。单词"the"出现了20 172次,"of"出现了10 427次。许多单词本身并无意义但频频使用。因此,很容易理解为什么我们有可能对由许多单词构成的段落做出反应。

不按顺序阅读

据我所知,在伊芙林·伍德之前,许多提高阅读的尝试都是让读者进行线性阅读，每次阅读超过 1 个单词。一些课程试图让学生逐步对越来越长的词组做出反应。但伊芙林·伍德发现，许多天生读书快的人看到的是词组，包括一个单词上下左右的其他单词。她发现阅读时可以不按单词顺序读。

但不按顺序阅读如何对单词做出响应？毫无疑问，没有经历过的人理解起来非常难。让我简单解释一下，然后我们再亲自体验。这就好比看一张图片，看到图片时，你实际上每次关注其中的一部分，而大脑会把其他部分看成一个整体。看到一组单词时，你虽然都看见了，但每次关注的就其中几个，然后从其他词中找出有意义的词，而不是单个单词。

体验不按顺序阅读理解需要你的配合。使用画圈法来阅读练习 22 中的段落。不要偷看内容，否则会破坏该体验。每段至少由 5 行组成。从左到右在第一行下画下划线，然后向下移动，从右到左画圈圈住其余 4 行，再快速向上看。这是最重要的，否则你还是在用老办法来阅读。

在阅读段落之前，要用东西盖住阅读的段落。首先，盖住整个页面内容，然后向下移动（一张纸就好），直到段落 A 显现出来，然后使用画圈法快速阅读。向上看并告诉自己段落大意。如此而已。

练习 22

材料：一张纸或纸板，用来掩盖下一页的段落
　　　铅笔或钢笔

1. 盖住一页所有段落内容，注意在练习前不要提前预览内容。
2. 向下移动纸张以露出段落 A。
3. 使用画圈法，快速阅读段落 A，从左到右在第一行下画线，然后向下移动从右到左画圈。
4. 快速向上看，在纸上记下看到的内容。

A. _____
狗狗狗狗狗狗狗狗狗狗狗狗狗狗
狗狗狗狗狗狗狗狗狗狗狗狗狗狗
狗狗狗狗狗狗狗狗狗狗狗狗狗狗
狗狗狗狗狗狗狗狗狗狗狗狗狗
狗狗狗狗狗狗狗狗狗狗狗狗狗狗

B. _____
猫猫猫猫猫猫猫猫猫猫猫猫猫猫
猫猫猫猫猫猫猫猫猫猫猫猫猫猫
猫猫猫猫猫猫猫猫猫猫猫猫猫猫
猫猫猫猫猫猫猫猫猫猫猫猫猫猫
猫猫猫猫猫猫猫猫猫猫猫猫猫猫

C. _____
马牛马牛马牛马牛马牛马牛
牛马牛马牛马牛马牛马牛马
马牛马牛马牛马牛马牛马牛
牛马牛马牛马牛马牛马牛马
马牛马牛牛马牛马牛马牛

D. _____
猫与狗与猫与狗与猫与狗
与猫与狗猫与狗与猫与狗
与猫与狗与猫与狗猫与狗
与猫与狗与猫与狗与猫与
狗猫与马与狗与猫与狗

E. _____
与马与牛与狗与猫马
与牛与狗与猫与猫与
牛与狗与猫马与牛与
狗与猫马与牛与狗与
猫马与牛与狗与猫马

练习的情况如何？是不是发现很简单？你看到段落 D 中隐藏的词语了吗（马出现在狗与猫中间）？当然，这一点都不难，但能让你体验快速阅读时如何理解。尽管每一段落的全部或大多数单词都是一样的，但还是有必要阅读与理解。很明显，如果段落中的词语各不相同，阅读起来就会更难，但通过练习你会学到速读时的理解方法。

让手动适应你的阅读

要一直让手指画圈运动适应你的阅读。段落是第一思维单位，所有句子共同构成同一个观点。段落是我们速读时注意到的第一个单位。

段落首句往往告诉我们段落要讲的内容，因此采用渐进法来阅读。用手指在段落第一行下画线，然后向下移动 3 行或更多行开始画圈圈住段落其他句子。

尝试圈住一整段内容。如果段落过长，重复画圈二三次。假如只有一两行内容，在正方向上画下划线。这需要重复练习才能应用到实际阅读中去。进行实践训练前完成下面的练习，然后你才能为明天的学习做好准备。

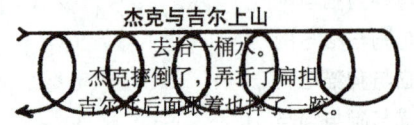

练习 23

材料：任选一本书

1. 从某章开头开始。

在每段的第一行下画下线（对于单行的段落，在一行下画线即可）。

一行结束后，向下移动 3 行或更多行，从右往左返回时快速画圈。直至到达段落终点为止。

2. 练习画圈约 10 页内容。若时间允许，重复 10 页练习一两次。

注意：花在画圈上的时间最长不超过 2 分钟，越少越好。但要确保阅读完画线的单行内容，圈内的单词看看即可。

进行练习 23 时，不要期望能理解多少内容，甚至可能一点都不理解。不要着急。你是在练习手动，以便让手指能流畅自如地移动。如果觉得这样让你心烦，你可以把书倒着看，这样就不会因为理解分散注意力。好好练习，为下一步在速读时理解阅读材料做好准备。

翻到第三周实践训练，完成今天的作业。

第16章 chapter16

快速阅读时如何理解

限制阅读速度与理解基于三条规则。你已经学到了不少关于阅读效率的知识，因此这一点对你来说显而易见。在未来几周学习视读（read visually）时，这三条规则将帮助你理解学习过程。

限制阅读速度与理解的三条规则

规则1：文章中的抽象词越多，快速阅读的难度越大。

本规则显而易见。相比抽象的句子，比如"大脑节奏的复杂性对人类持续思考的能力提出挑战"，具体词语或句子更容易理解，比如"棕色的狗""红头发的女人"。因此，刚开始学习速读时，最好从易于理解的材料开始，即不太抽象的材料。

规则 2：文章包含的信息越少，阅读速度越快。

规则 2 也很容易理解。信息量意味着结构词的使用比例，结构词属于能轻易就被认知的词类。但一些人可能不知道有些文章中信息量很大，信息量大意味着必须放慢速度才能理解文章内容。

规则 3：了解的背景知识越多，快速阅读越容易。

如果你是一名核物理学家，那么你应该能轻松地阅读相关领域的书籍。但要是让我去读，难度会很大，阅读起来很慢（相对而言），因为我对许多专业词汇以及论点一无所知。因此，"思考"起来非常困难。

教医生学习快速阅读时，我发现他们很快就能快速浏览医学杂志，重复阅读医学教材也相对容易。在经过多年的专业学习后，医学词汇与概念早已烂熟于心，成为他们的内在知识。对他们而言，医学方面的抽象词汇就好比我们眼里"棕色的狗"一样有着具体的意义。因此，他们只需练习快速阅读技能，就能更快地阅读。

但医学系 1 年级学生在这方面遇到的困难较多。对于他们而言，读医学书籍跟读外语文字别无二致。因此，如果不懂相关医学词汇与概念，很难进一步提高阅读速度。但即便这样，一般学生通过练习，每分钟的阅读量也能提高 50 ~ 100 个单词。如果能在医学书籍上下大功夫的话，也能节省你不少时间。

回到 1 年级水平

一旦开始学习视读，你的水平就回到了 1 年级。首先，使用简单的材料练习阅读与理解。抽象词要少，每百词的信息量也不能太多。其次，优先使用你了解最多的领域。理解了简单材料后再逐步加大难度，直到你能理解所有复杂的材料。因此，大量练习必不可少。

为本周末开始的视读准备几本简单的书籍，从你的孩子、外甥或侄子处借几本。从公共图书馆找些儿童读物，或者你家小孩子的课本。你也可以到书店找一些青年读物，很多传记（《年轻的托马斯·杰斐逊》等）与有趣的故事书供你选择。另一个办法是使用一两年前读过的书。未来几天你要轮流使用这些书。

尽可能多地练习

通过画下划线来阅读第一行，然后圈住其他段落，圈住的句子看看即可。你已经用该方式练习了几分钟，在下面的练习中，要练习的段落更多。注意不要提前阅读，找东西盖住要阅读的内容，然后采用画圈法阅读各行内容。

练习视读时，一定不要用老方法进行重读。老方法指的是线性阅读或画下划线（段落的第一行除外）的方法。最重要的是要阅读一遍，然后快速向上看，记录圈住的内容。稍后你可以返回，但只能用新方法阅读。

用老方法重读了材料后，你会发现自己并没有从段落中获得更多信息，或者得到的信息不正确。正如我所预料的那样，你已经犯了很多错误，就像刚开始学习走路时一样。你犯错误的时间越早，学习得就越快。但如果你老是认为自己做不到，那么进步就不会很快，因此不要反复检查。先用简单或读过的材料反复练习。这样你就不用担心自己完成不了。理解过程中就会明白这一点。但现在，你拥有的最大财富就是练习与耐心。阅读下面的练习说明，然后用后面的材料进行练习。

练习 24

材料：一张纸或纸板，用来掩盖要阅读的段落
铅笔或钢笔

1. 盖住材料的全部段落；注意在做练习前不要偷看。
2. 向下移动纸张以露出段落 A。
3. 在第一行下快速画线，然后向下移动到段落底部，从右向左返回时画圈。
4. 快速向上看，在纸上记录段落大意。

A. _____

赫伯特去花园找母亲，同时摘了许多蔬菜：豌豆、生菜、西红柿、黄瓜、萝卜、马铃薯、绿豆、茄子、南瓜、香芹、洋葱、菠菜、玉米和青豆。

B. _____

歌莉娅去杂货店买了好多食品饮料：牛奶、黄油、奶油、鸡蛋、奶酪、苹果、梨、桃子、葡萄、罐头坚果、香蕉、麦片、面包、冷冻比萨、香草和巧克力冰激凌、蛋糕、爆米花、可口可乐和橙汁汽水。

C. _____

雷蒙德带着他侄子和侄女去动物园玩了。在动物园他们看到了许多动物。最喜欢的动物有斑马、猴子、长颈鹿、羚羊、大象、老虎、水牛、鹿、犀牛、大猩猩、熊、狮子、美洲豹和美洲狮。

D. _____

苏珊是个运动健儿。不仅喜欢看体育比赛，还喜欢不同的运动。她喜欢潜水，加入了游泳队；她还打网球、手球、曲棍球以及练习田径；她也喜欢骑马与弹跳。她确实什么运动都喜欢。

E. _____

佛蒙特州的秋天是个美丽的时节。10月的前两周里，别的地方的绿叶都没有这里的鲜艳。这里的叶子颜色会不断变化，从黄色、炽红色、琥珀色到深紫色，把这个地区装扮得色彩斑斓。

段落的答案很概括。以任何速度阅读任何材料时，不应该把每个词都记住。但所有词都应该看见,并且还得知道每个词独立的含义。在段落A中,"赫伯特去花园摘了许多蔬菜"就是整个段落的意思。在段落B中是"歌莉娅去杂货店买了不少食品饮料"。

练习段落旨在让你清楚地认识速读与理解的过程,但这都代替不了实际经验。因此,最后的练习是一则简单的小故事。使用最新的手动法阅读几遍故事。记住要快速阅读。给段落第一行画下划线时用时不少于1秒钟。你可以返回重读,但一定要用新学的手动方法,不要用老方法。

练习 25

材料:任选一本书

1. 从以下材料开始在第一行下画线,然后向下移动到段落底部,从右向左返回时画圈。

2. 快速进入下一段落。

3. 尝试找出文章的主旨大意。你获取的可能是主旨的一部分,但这是正常情况。

"猎豹宝宝"

马克·珀迪跪在草地上把活的鱼饵放到白色小盒里。周六的下午,他可是个大忙人。

马克听了听父亲的机动艇的声音。马克的父亲是一名向导。那天早上,他的艇上载了两名猎人。马克望着溪流,看到父亲驾着艇过来。

马克匆忙到岸边给艇抛锚。之后,他看见一名猎人的脚下有个猎豹宝宝。宝宝的皮毛在阳光下有点晃眼。"我们找到了一个猎豹宝宝。"马克父亲说道。"你怎么从猎豹妈妈身边带走它的?"马克问。"猎豹妈妈不在附近,"马克的父亲说,"我们不能看着它饿死,就带上了。"

两名猎人跳下船。马克的父亲抱着猎豹宝宝在后面跟着。

"我们一无所获,"其中一个猎人说,"但珀迪先生,你是位好向导。"

猎人拿起枪离开了。

马克跑在父亲前面进了屋。"妈妈,来看呀!爸爸带回来一只猎豹宝宝。"

马克的妈妈走到门口。"是吗?"她说,"怎么像只可爱的猫呀。这小家伙肯定是饿了,我去给它温点奶。"

珀迪夫人走进厨房,拿出来一勺奶。她把勺子放在猎豹宝宝嘴边,但小家伙一动不动。马克用手指蘸了点奶,抹到小家伙的嘴唇上。小家伙舔了舔嘴唇。

"这是个幼崽。"珀迪夫人说,"我们该给它弄一瓶奶。"

珀迪夫人找了个瓶子,把奶倒了进去。现在小家伙知道怎么吃了。把奶都喝了,然后舒服地躺在地上睡了。

马克抚摸着它的毛发。"你一定是斯利克。"他说,"我知道你妈妈一定把你照顾得很好。"

"它妈妈呢?"珀迪夫人问道,"在哪里?"

"一定是在大沼泽的某个地方。"珀迪先生说,"任何一个母亲都不会丢下幼崽,除非养不活它。"

猎豹宝宝一天天长大,开始跟着马克在营地上转悠。马克给它起名叫斯利克。

一天吃早饭前,马克带着斯利克去溪边。斯利克紧跟在马克后面。马克坐在岸边。一群白鸟从高高的草丛上掠过,有几只落在了溪岸上。数不清的青蛙呱呱叫着"早上好"。鸟儿鸣唱着,几乎把大沼泽都唤醒了。

斯利克舔着马克的脚趾头玩。马克轻轻拍着斯利克的鼻子"训"着它。"别咬我,斯利克。"他说。

突然,马克听到一声嚎叫。他抬头看到一只棕色的大猎豹,离自己只有八九米远。这家伙来得悄无声息,马克都没听见。猎豹站在那里看着马克跟斯利克。马克敢确定这家伙就是斯利克的妈妈。马克一动也不敢动。"马克,马克!"他父亲叫着,"吃早饭了。"

马克吓得不敢回头。"爸爸，往溪岸这儿看。"马克小声说道，"小猎豹宝宝的妈妈来了。"

"儿子，不要动。我去拿枪。"马克父亲轻轻说道。

马克一动不动地等着，而猎豹妈妈往前爬得越来越近。斯利克光顾着玩马克的脚趾头了，没有看到它的母亲。

前门吱吱地响，马克知道他爸爸拿着枪来了。

猎豹妈妈朝猎豹宝宝走去。一只苍蝇落在马克脸上，但马克只能抖抖鼻子。他知道自己不能动。

猎豹妈妈闻来闻去。起初她可能不知道斯利克是自己的宝宝。斯利克没有像它那样闻。后来，猎豹妈妈开始舔斯利克的毛。斯利克高兴地蹭来蹭去。猎豹妈妈转身朝丛林中走去。她知道她的宝宝会跟着来。斯利克真的跟着去了。

后来，马克的父亲走到了马克后面。

"你很勇敢，儿子。"他父亲说，"不到万不得已我不会开枪的。我盼着你不要动，你真的没动。"

"我会想斯利克的。"马克说，"我们已经是好朋友了。"

"斯利克迟早会走的。"马克的父亲说，"等斯利克长大些，我们就会把它放进大沼泽，不过，"父亲补充道，"你将来还会看见它的。"

马克知道怎样才能再见到斯利克，坐着自己的船沿溪流而下就能看到斯利克。斯利克会瞪着黄眼睛看着自己。他们会是永远的邻居，因为他们都是这美丽的大沼泽的一部分。

反复阅读几遍后，你就能对故事有大概的了解。不要采用别的方式阅读。通过练习与技能培养，你就能学会并找到自信。

翻到第三周实践训练，完成今天的作业。

第17章 chapter17

阅读时不要默读每个词

如果你一直按部就班地练习,并且能在理解的情况下每分钟阅读约500个单词,那么你就做好了进入快速阅读下一步学习的准备。但是,在还没有体验过每分钟500个单词的速度之前,你还要继续实践训练的练习,暂时不要往下进行。在尝试进行速读前,关键是要在充分理解的前提下每分钟阅读500个左右的单词(但这并不意味着你阅读任何材料都能达到这个速度)。

确保做好了继续学习的准备

每分钟的阅读量尚不足500个单词时,应继续练习上周的实践训练一周时间,然后再往下进行。额外再花点时间练习对你很有帮助。

你将适应每分钟约 500 个单词或更快的阅读速度，有些人在这个阶段要花数周时间，巩固已学的内容后再继续。在少数情况下，我会建议学生继续用画下划线法练习 6 个月的阅读，然后再继续学习。这通常适用于词汇量不足的母语非英语的学生。出于相同的原因，该方法也适用于阅读吃力的以英语为母语的学生。未做好准备前，不要强迫自己往下学习。否则不但不会加快你的步伐，反而会减缓你的速度。

"分段法"：新的手动方法

正如你所知道的，首先要从阅读中得到的是"看到"全部单词，区别只是英语或其他语种。专有名词与斜体词会引起你的特别注意。这一点使用画圈法以及画线与画圈法的变体就能轻松完成。这时眼睛知道了要做什么，不要再依靠画圈来引导视线。

分段法跟你之前手动的方式完全相似，也是用食指移动，但不用再画圈。方法如下：先用食指在段落第一行下画线，向下移动 3 行或更多，然后从右往左画线。如果段落内容较多，继续从左往右画线，然后向下移动 3 行或更多从右往左再画线。

> 分段法与你之前手动的方式完全相似，
> 也是用食指移动，但不用再画圈。
> 先用食指在段落第一行下画线，
> 向下移动3行或更多，然后从右往左再画线。
> 如果段落内容较多，继续从左往右画线，
> 然后向下移动3行或更多从右往左再画线。

关键是手指要向下移动 3 行或更多行。你的眼睛总是习惯从右跳回到左边，让视线留在页面边缘的关键是手指向下移动。手指在一秒内返回到页面左边，与此同时，你的眼睛将扫视跳过的三行内容并看见所有的单词。

让学生练习时的难点是保证他们的眼睛沿着页面边缘移动，而不是直接穿过各行内容；手指从左到右及从右到左移动的速度很快，每次大约扫视一秒钟。你已经知道了为什么要小心地从页面向下移动，但我仍然要对快速阅读进行充分说明。

戴上耳塞练习

还记得吗？前面我们说过盲人能从声音中听出更多信息。我要告诉大家：戴一个月左右的眼罩能让你从声音中听出更多的内容。学习视读也应佩戴一样的工具，但不是眼罩，而是耳塞。

当然，不要真的去戴耳塞。要知道，这样做的目的是让你听不到声音，也就是避免你在心里默念出单词给自己听。但为了从看到而非听到的内容中获得信息，你的阅读速度一定要非常快，快到没时间在心里默念。这通常意味着达到每分钟 1700 或 1800 个单词的阅读量。没吓到你吧？我班上的学生每分钟的阅读量至少 2000 个单词。这是个圆满的数字，而且容易记。

线性阅读的速度能达到每分钟 500～1200 个单词左右。实际上，每分钟达到 1200 个单词时，线性阅读并未停止，但视读已经开始了。阅读的速度越快，默读出的单词就越少。这时你的速度非常快，以至于你依靠视觉阅读了大部分的单词。但对于好的练习，这个速度还不够快，原因是你仍然默读了不少单词。你有可能对少数单词产生依赖，从中寻求对阅读内容的理解。

我发现学习快的学生练习阅读（视读）时每分钟的阅读量为 2000 个单词左右。这就像是往冷冰冰的水里跳，直接跳进水里适应水温。相比热热身再跳，这更容易。因为热身再跳通常会让你变得更冷，并最终放弃。同样的事情会发生在练习速度太慢的学生身上，这些学生用老办法和新办法都理解不了阅读材料。这让人很沮丧，因此他们便浅尝辄止了。

成功练习的两个关键

现在,你已经知道了最佳练习材料(见第 16 章)的选择方法、适宜的手动法以及快速练习的缘由(快速阅读的方法很简单,每页的阅读时间不超过 1 分钟)。知道了这些,你就做好了准备。有助于你成功进行练习的两个关键如下:第一,以足够快的速度进行大量的练习;第二,用同一材料重复练习。这有助于你在快速阅读时培养理解能力,就好比消除慢速阅读时的回读。

> **练习 26**
>
> 材料:任选一本书
>
> 1. 翻到任意章节。
> 练习分段手动法,至少 10 页内容。确保给每段首行画线,然后向下移动 3 行或更多,从右往左再画线,重复进行直到阅读完整段内容为止。
>
> 2. 重复练习相同段落,把分段法练得顺畅自如(千万别中断,注意沿着页面边缘往下走)。

你自己的方法是最好的方法

学习速读的另一个重要方面是信心与冒险的尝试。通过几节课的学习,我的一名学生告诉我,他的阅读速度提高了 9 倍。刚开始学习时,他的水平普普通通,后来一直按照我的要求进行练习。与同班的其他同学相比,他还拥有乐观的态度与自信心。毕竟,态度等因素会影响学习技能的成效。我认为认识到这一点很重要。

下一个实践训练,也就是下周实践训练的主要部分,将整合所有让你成功地进行练习的因素。但一定要保证选择难度适当的练习材料,同时练习速度要足够快。

实践训练材料是 10 页左右的一个章节或部分。优先使用 7 年级阅读水平的简单材料。第一步是使用刷页法，以每页 3 秒的速度完成整个章节。这是个不错的热身练习，能让你为真正的速读练习做好准备。阅读时，还应尝试浏览整个章节，找出材料的大意。

以这样的速度阅读时，通常首先看出的是材料中的对话。问号与感叹号非常容易辨别。或者，注意到材料属于描述性还是解释性文章。选用小说或传记材料时，你在刷页引导阅读时可能会注意到名字。完成后停下来，在你的记忆模式上写下记住的信息。大多数人记住的内容很少，但是是这么开始的。

下一步，利用分段法阅读材料 2~3 遍。结束时停下来回忆记住的信息，或者是你预期的信息片段，也有可能是对某些信息的感受。尝试在阅读结束后记住信息时，你会遇到许多难题。你能接受一周或更长时间内对阅读内容一知半解吗？想学习这一技能，就要做到这一点。但学完以后，再回头看时就知道你自己的速度有多快了！

练习 27

材料：任意一本简单的书或读过的书
　　　纸
　　　铅笔或钢笔（或计算机）
　　　计时器

1. 选择 10 页左右的一个章节或部分。

使用刷页法，每页用时 3~4 秒钟。用整只手从一边向另一边移动。

结束时，不要回头翻阅材料。绘制回忆模式。画斜线，记下你记住或自认为已经记住的所有信息，也可以使用 Word 处理程序记录信息。

2. 使用分段法从开头练习阅读整个部分，速度控制在两秒钟内完成左右来回移动。

结束时，不要回头看材料，把记住的新内容添加到回忆模式图上。

3. 使用分段法再次从开头练习阅读。

记下完成整个部分的时间。

记下所用的时间后，添加到你的回忆模式图上。

4. 计算阅读速度，记录到进步文件中。首先计算你阅读的总单词数。

   a. 算出每行的平均单词数。

   b. 计算整页的总行数。

   c. 用 a 乘以 b，得出每页的平均单词数。去掉尾数，比如 277 改为 270。

   d. 计算每页的平均单词数 c 与总页数的积，即 $8.5 \times 270 = 2295$。

   e. 用所用的时间去除阅读的总单词数 d，即 $2295 \div 1.5 = 1530$ 个单词/分钟。

可选项：再次练习。每次结束后要停下来回忆记住的内容，直到自己满意为止。

注意：不要回头以老方法阅读。

现在你已经完全了解了视读的秘诀，接下来需要进行理解能力的练习。尽量多练习，不久你的理解技巧就会自然而生。当然，如何练习取决于你自己。祝你好运！

翻到第三周实践训练，完成今天的作业。

第18章
chapter18

目前进展如何

我总能在学习速读课程的学生身上发现一个奇怪的现象。花费相同或更多时间学习其他阅读课程的学生,哪怕是阅读速度提高50、100或200个单词,往往也会感觉非常满足。然而,即便是阅读速度提高了一倍,许多学习本课程的学生似乎还对自己的阅读速度提高得不够理想而闷闷不乐,原因可能是他们开始考虑自己的速度到底能多快了。

跟自己比就行了,记住这一点很重要。学习本技能以及其他大多数技能时,真正同你竞争的是你自己。要知道,每个人的学习方式与速度不尽相同。尽管良性竞争能让一些人更加努力,但要让一个在群组中学习的人认识到以下这点非常困难:其他人总是进步得更快,这并不意味着你自己很蠢、综合素质差或在某一方面略逊一筹。唯一可能的仅仅是你在学习某一特定技能或某一方面时不如其他人优秀。仅此而已。

这时，你的阅读速度应该明显高于初始速度，甚至可能是初始速度的两倍。你了解的线性阅读同我教给你的一样多，这并不意味着你不能继续进步。通过进一步的练习与实践，你会继续进步。从未来一周的实践训练开始，我们主要将进行视读的学习。这在前几章已经进行过介绍。

作为本课程的中间部分，你在这里能发现自己如何进步，这将决定你是该继续练习过去几周的实践训练还是开始新的练习。现在让我们看看吧。

再次进行自测

同第2章一样，准备必要的材料进行测试，同最初的测试结果进行比较。需要测试用书以及其他常用材料。

◉ 期中阅读测评

测评说明：认真读完下面的步骤。全部理解后，返回到步骤1，然后开始。

1. 从自测用书选择约30页没有读过的内容用于练习。
2. 以尽可能快的速度阅读材料3分钟。使用计时器、录音机或计算机上的记录程序。
3. 3分钟到后，用铅笔或钢笔标记读到的位置，然后合上书。
4. 在纸上记下你能记住的所有内容，不要回头翻阅读过的内容。写下的内容都要编号。每个重点或细节单独编号。可能要用时6分钟，使用计时器。
5. 计算你的阅读速度，记录到进步文件中。

现在，把测评结果同期初的成绩进行比较，你会惊讶于速度的提升。另外，你的记忆力是否也大有改善？当然不是每个人都这样。有些人对测评恐惧，知道要对自己测试时会紧张得卡壳。还有一部分人运气不佳。不幸成为其中一员时，另选时间用新材料重新自测。但无论如何都不要气馁，只要愿意学，每个人都可以进步。

这时应该检查一下你是否熟悉本课程其他的理念与技能。你是否熟悉下面的内容？有任何不确定的地方，返回到相对应的章节进行回顾。

◉ 期中回顾

你是否知道如何计算自己的阅读速度？
你是否能使用画下划线法进行阅读？
你是否能阅读段落找出大意？
你是否能绘制回忆模式？
你是否知道最佳阅读姿势？
你是否知道如何测试灯光是否过亮或过暗？
你是否学会在阅读时避免回读？
你是否在练习阅读时总能做标记？
你是否评估了阅读材料的重要性？
你是否知道非小说写作的主要形式？
你是否知道小说写作的主要形式？
你是否能以适当的方式开始读一本书？
你是否能做刷页手动？
你是否能以新的方式翻页（用别的手指）？
你是否能进行双倍 / 三倍练习？
你是否理解作者的写作模式：一般从概括到具体？
你是否知道并不是所有的词都有实义？
你能做画圈运动吗？

你能做分段手动吗？

你练习阅读时尝试进行理解了吗？

你是否理解为什么有的文章比其他的文章读起来要难？

你是否理解不能消除默读以及我们甚至没有尝试消除默读的原因？

准备好下一步的学习了吗

你很容易就能决定是否做好了继续学习课程第二部分的准备。过去的某个时间，你每分钟的阅读量达到了 500 个单词以上，同时对材料的理解达到了不错的程度。

做到这一点后，哪怕对上面的回顾内容一无所知，你也可以继续往下进行。什么也记不得时，重新翻阅学过的内容。不能保持每分钟 500 个单词的阅读量时，先不要往下学习，应该继续学习上周的实践训练，直到阅读速度达到要求。可能你还需要一周左右的练习时间，有些人可能需要两三个月的时间。这完全取决于开始学习本书时你的阅读技能水平。

在教授伊芙林·伍德课程时，我有时会要求学生在学完第 2 节、第 3 节课时退出。我并不想淘汰他们，但这样做对他们有帮助（此时退出，适当的时候再回来学习，这样不会有额外的费用）。我会建议他们每天至少进行一次类似双倍/三倍练习的训练，持续进行 6 个月。另外，每天至少花半个小时的时间读书。就像其他技能一样，阅读也是一项技能。练习得越多，掌握得就越好，然后再回来继续完成本课程的学习。我在匹兹堡教书的时候，汤姆是班上最差的学生，上第一节课时我就看出来了。我建议他不要继续本课程的学习，并让他去把学费退了。不过，他已经尝试过许多办法，都无济于事。这让他对自己很失望。他来这里学习是把我们当成最后的希望，因此拒绝这样的学生确实让人难以开口。

第一节课快结束时，汤姆对所有阅读与练习以及速度计算方法都不太理解。下课后我在教室跟他谈话，似乎解开了他的困惑。第二节课他更跟不上了，到了第三节课（跟我们本章学习的内容类似），他的情况更是糟糕透顶。

继续学习下去，将经历令他十分失望的事情，这样的话，他就再也没有可能学会快速阅读了。幸运的是，他同意退学6个月，并按照我列出的练习制订阅读计划。他读的书很少，而且只有中学文化程度。我建议他去阅读自己感兴趣的任何书籍，重要的就是要阅读。这一点他一直遵守，但是我不知道他哪来的练习时间。他晚上在邮局兼职，白天在餐馆上班，但还是想方设法挤时间练习。

5个月后，他回到了班上，重新开始学习。这次他觉得课程的第一部分很简单。事实上，他的阅读速度在班上已经名列前茅，对此他非常高兴（我也是）。他确实是练习理解做得最好的学生。我让另一名不能按照说明进行练习的学生坐在汤姆旁边。我想这是汤姆生命中第一次在某一方面成为学校里最好的学生。

汤姆并不是班上最好的学生，但他的成绩依然名列前茅。现在他很喜欢阅读，并打算6个月后再回来学习一遍本课程。那个时候，我已经离开匹兹堡去纽约了，所以不知道后来发生的事。我希望他能回来，因为他证明了无论起点有多低，只要肯努力，你就能到达顶峰。

必须自我测评

教给自己一项技能时，你应该既是老师也是学生，这让事情变得很不容易。如果你已经决定再多做些练习，那么就制定一个时间表。做好继续往下学习的准备后，完成今天的实践训练，明天进入下一章的学习。

翻到第三周实践训练，完成今天的作业。

第四周实践训练

完成第 13 ~ 18 章的学习并利用 6 天的时间认真完成第二组实践训练。如果以每分钟 500 个单词或更快的速度阅读时也能够很好地理解阅读材料，那么就应该开始下一组练习了。下一组的练习时间也是 7 天。第一天学习这组实践训练。从第二天开始，首先阅读新的章节内容，从第 19 章开始，重复实践训练。

完成当天的章节学习后，一定要按顺序进行练习。假如每天能练习 20 分钟，完成第一个实践训练即可；每天能练习 40 分钟时，完成第一个和第二个实践训练。不要在一节实践课上重复任何练习，除非你完成了全部给定的练习，然后可以重复进行自己喜欢的练习。

✓ 本周练习需要的材料

1. 计时器
2. 钢笔或铅笔（或计算机）
3. 纸。优选带格的 A4 大小的纸
4. 从第 1 章所列书目中选定几本
5. 纸夹或小纸带

✓ 快速阅读时的理解水平

正如本书开头所述，学习一些技能时，练习比理解更重要。有时候，在你掌握该技能后就能理解，这对于每分钟超过 1200 个单词的阅读来说大致成立。开始练习这些技能的时候，为了获得最有效的练习，我让你练习每分钟阅读 1800 个单词。因此，有时候很难严格遵守这一规则。

培养快速阅读下信息获取能力时，可能要经历以下几个阶段，如下一部分描述所示。认真读一下，并尝试通过每天的练习记住它。几天的练习后，你想理解得更好，选几本书再练习一下。对阅读材料充分理解后，就可以开始使用更有难度的材料了。

✓ 快速阅读时的理解水平

培养快速阅读下信息获取能力时，你可能要经历以下几个阶段。

1. **单词**。你能够看见全部单词，并认出单词是英语还是其他语种。

2. **孤立词**。词与短语似乎要跳到你面前，但你几乎不知道发生了什么。

3. **意义**。练习阅读小说的过程中，你开始了解小说发生的经过、时间与地点。阅读其他体裁时，你懂得了文章主旨。

4. **故事情节；语义关联**。你能跟随小说的情节或找到重点（非小说），但会失去很多细节。

5. **阅读**。你阅读时知道在读什么，即便记不住读了些什么（大量练习后就能做到）。

实践训练 9

材料：基本书目

目的：学习快速确定段落 3 个句子的等级

预计用时：10 分钟

目标：看你在 6 分钟内能分析多少段落

每节实践课完成一次练习。

1. 选择至少由 3 个句子组成的段落。以最快的速度用手指引导阅读，并找出段落大意。

2. 回头再看下个段落并分析前 3 个句子。

完成体现 3 个句子等级的线性回忆模式图。

参见下面的例子。

示例：①华兹华斯相信每个人都能得到欢乐和自然与生命的和谐，而这改变了整个存在物。②斯珀吉翁认为他的诗歌就是一系列笔记与调查，专为如何实现愿景提供实际而详细的解释。③华兹华斯对实现途经的描述强调了消极态度的实践。

等级1	华兹华斯对每个人的观点
等级2	斯珀吉翁：诗歌解释愿景的状态
等级3	实现途径

为节省时间，也可以写成

a
b
c

3. 继续分析不同段落的前3个句子（不按顺序排列的段落）。看你在6分钟能分析多少。记录到进步文件中去。

实践训练10

材料：一本简单的书

目的：练习快速视读

预计用时：10分钟

目标：快速阅读时，尝试找出情节，至少要获得零碎的信息

本练习可以重复进行。

图示：

约10页内容的章节或部分
刷页手动，3秒/页
在斜线回忆图上回忆任何内容
画圈，最慢3秒/页
回忆
分段手动，最慢12秒/页。
回忆
计算并记录分段手动速度

练习说明：

1. 选择约有 10 页内容组成的一个章节或章节部分。材料应相对简单，或者从你读过的书中摘选。

2. 使用刷页法，每页用时不超过 3 秒钟（开始时可以数 1，2，3，4……）。绘制斜线回忆模式图。回忆能记住或自认为已经记住的任何内容。你可能记不住太多专有名词。

3. 重复阅读整个部分，使用画圈法在第一行下画线，然后向下移动，从右向左返回时圈住 3 行或更多内容，用时不超过 20 秒 / 页（每页约 7 次完整的画圈运动）。把记住的新内容添加到回忆模式图上。

4. 使用分段法重复阅读整个部分。在第一行下画线，然后向下移动，从右向左返回时圈住 3 行或更多内容，用时不超过 20 秒 / 页（每页约 6 次完整的画圈运动）。

阅读目的：尝试通过片段找出故事情节，同时保持视读速度（每分钟 1600 个单词及以上）。

5. 计算第 4 步中你的实际阅读速度，记录到进步文件中。计算出你阅读的总字数。首先找出每个整页上的平均字数，然后乘以页数：240 个单词 / 页 × 8.5 页 = 2040 个单词。用时间去除总字数，即，2040 ÷ 1.5 分钟 = 1360 个单词 / 分钟。

注意：在第 4 步下，确保阅读速度保持在 1600 多个单词 WPM（示例中的阅读量还不够高）。

实践训练 11

材料：一本简单的书
目的：练习快速视读
预计用时：10 分钟
目标：练习阅读时做标记

本练习可以重复进行。

图示：

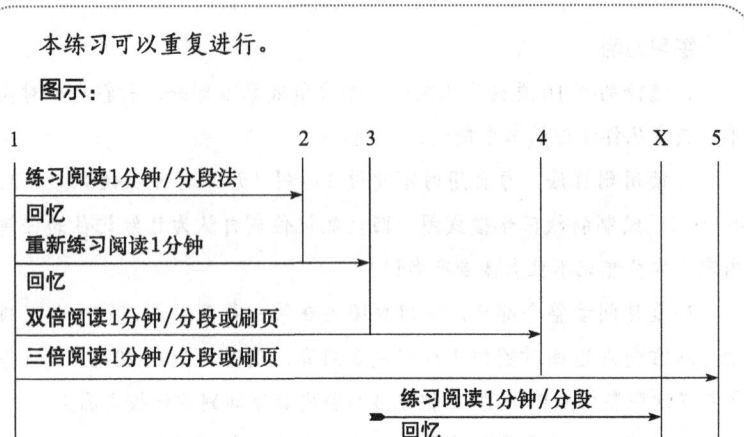

练习说明：

1. 在你开始使用分段法引导阅读的地方做标记"1"。从标记"1"开始练习阅读1分钟，速度不低于6次移动/页。

在结束位置做标记"2"。开始绘制回忆模式，在斜线上记录材料大意。

2. 以更快速度重新练习阅读相同部分的内容。在结束位置做标记"3"。把记住的新内容添加到回忆模式图上。

3. 从标记"3"往后做新标记"4"，标记"3"到标记"4"的阅读量应大体等同于标记"1"到标记"3"的阅读量。

使用分段法，练习1分钟内从标记"1"阅读到标记"4"。

4. 从标记"4"往后做新标记"5"，标记"4"到标记"5"的阅读量应大体等同于标记"3"到标记"4"的阅读量。练习1分钟内从标记"1"阅读到标记"5"。

5. 返回到标记"3"处，使用分段法，以最快的速度练习阅读，尝试找出故事情节（但不必非要找到），时间1分钟。

在阅读结束位置做标记"X"。把记住的新内容添加到回忆图示中。

计算从标记"3"到标记"X"的阅读速度，记录到进步文件中去。

实践训练 12

材料：第 1 章的基本书目

目的：练习以 3 倍的初始速度阅读

预计用时：15 分钟

目标：保持 3 倍的阅读速度，同时要对阅读材料有一定的理解

本练习可以重复进行。

图示：找出初始速度，去尾数到十分位。

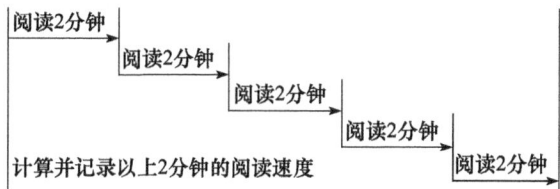

练习说明：

1. 从第 2 章中找出你的初始速度，即 248 个单词/分钟，去掉尾数为 240 个单词/分钟。再乘以 6 得到 6×240=1440 个单词。制订 5 个大体等同于最终阅读量的部分。用纸条或纸带在每个部分结尾处做上标记，在页面上突出显示出来。

2. 利用手指作为节拍器，尝试在 2 分钟内阅读第一部分。你可以使用任意手动方法。

阅读目的：找出大意，并做标记（不要求理解）。

3. 继续阅读，在 2 分钟或更短时间内读完每个部分。记得一定要做标记！

4. 计算每个部分的阅读速度并记录到进步文件中。

第19章

信号词助你提高阅读速度

你经常遇到两种类型的文章：小说与非小说。你能理解大多数记叙文或者小说的写作层次。另外，许多非小说作品，比如新闻报道也是这样写的。词汇与概念都是常用的，很容易理解。但是，阅读约翰·洛克或约翰·斯图尔特·穆勒的哲学著作或其他人写的抽象的书籍，你会发现他们用的词汇与概念都不是很具体。你不能轻易地识别它们。

帮助你认知抽象文章的一个方法就是认识过渡词。这些词能给你信号，告诉你作者将要改变概念或者改变讲述内容，而不是实际的内容。比如，作者可能会举例说明讲述的内容，或者会使用"另一方面"等短语来转变观点。还可能用"因此"等词语来关联整个内容，或者用"第二"等序数词提出新的想法。作者能通过许多不同的方式告知文章写作内容或观点的改变。作者给出信号词[⊖]是为了通过转变来吸引你继续读下去。认识了这些词之后，你会频繁地注意到这些词，尤其是阅读变得困难时。

信号词如何助你阅读

信号词帮助你对要讲述的内容做出预测，看到了信号词，你就能预测下一步要讲的内容，从而做好阅读快慢的准备。然后你会发现下面的内容恰好出现在预期的地方，这跟音乐中的读谱训练有点类似。音乐家进行读谱训练时，实际弹奏前往往只看一点乐谱，提前唱出来就是为下一步的弹奏设置预期。阅读的道理与此类似。阅读有难度的材料时，信号词能发挥同样的作用。

不同种类的过渡词

信号词种类很多，其中一组我们非常熟悉的是时间信号词。时间信号词把不同段落在时间上进行关联。

在下面的简短练习中，试试自己能在多短时间内找出时间信号词。

练习 28

说明：找出下列段落中的信号词或表示时间的词语。

1. 当珍妮尔的餐厅开业时，她的许多朋友都大吃一惊，因为她之前是一名广告总监。
2. 特里在草莓成熟时扭伤了手腕，这之后他就不能再像从前一样摘同样多的草莓了。

⊖ signal word，信号词指连词、代词、冠词和介词等。——译者注

3. 猎人们事先未料到会下雪，也就没有准备雪地靴和合适的御寒装备。不仅燃料有限，而且食物很快也没了，接下来他们决定回家。

4. 纽约市因游行而闻名，圣帕特里克节大游行是最热闹的游行活动之一。波多黎各日大游行在一年中晚些时候到来，最晚的是全美最盛大的感恩节大游行。

5. 在门铃响之前，罗莉已经穿上了自己的外套。接着她开始找丢失的钱包。早先她把钱包错放到了购物袋里。此刻她没心情跟朋友一起逛商场了。

你能马上认出大部分信号词吗？第一段中的"当……时"和"之前"；第二段中的"在……时"和"之后"；第三段中的"事先""很快"以及"接下来"；第四段中的"晚些时候"和"最晚"；第五段中的"之前""接着""早先""此刻"。

还有一类信号词指的是作者想让你考虑事情两面性时所使用的词语。你能找出下面段落中的该类信号词吗？

练习29

说明：找出信号词或者表示你准备考虑事情两个方面时所使用的词汇。

1. 有些人盼望着首次旅行能乘坐飞机，然而当飞机最终起飞时，他们却希望自己还停留在地面上。

2. 美国常常被称为黄金机遇之地，然而机遇很少光顾守株待兔之人。

3. 艾米丽一方面确实是一位迷人的花季女郎，另一方面她的娇生惯养又让人受不了。

4. 保罗觉得养一条宠物狗是件乐事，但同时他又讨厌经常遛狗。

表示你将考虑事情另一方面的词包括：第一段中的"然而"，第二段中的"然而"，第三段中的"另一方面"以及第四段里的"但同时"。

表示作者对某一话题言犹未尽的词语通常非常明显。看你能认出多少这样的信号词。

> **练习 30**
>
> 说明：找出下列段落中的信号词或者表示作者有更多话要说的词语。
>
> 1. 乔是一位与众不同的年轻女子。她十分擅长体育。14 岁时，她就参加了奥运会的游泳和田径比赛。此外，她的学习成绩也非常优秀。
>
> 2. 市政府几乎破产，大部分社会服务业已停止。例如，社区健康项目雇员已经由 10 人减少到 1 人。
>
> 3. 亨利夫人养了很多宠物。除了几十只长尾鹦鹉和几只猫，她还养了一只狗、七条金鱼，此外还有一只白鼬。
>
> 4. 玛格丽特不明白自己怎么就不能考得更好。她花了大量的时间去学习和阅读。此外，她还把所有重要的数据都背了下来，甚至包括一些不重要的数据。
>
> 5. 丹尼斯喜欢写作，他的剧作和小说多次获奖。此外，他还写剧本，并且创建了自己的网站推销作品。
>
> 6. 凯伦工作非常努力。她上午 8 点前就到岗，通常 5 点后才离开。此外，周六有时候还加班，甚至还在家办公。

练习 30 中的信号词包括：第一段的"此外"，第二段的"例如"，第三段的"此外"，第四段的"此外"，第五段的"此外"和第六段的"此外"。

表示顺序的信号词也十分常见，比如，首先、其次、再次、最后等。这类信号词一般很容易认出来,还能帮助你了解所预期之事。同时可以帮助你组织阅读。例如,段落较长时,你可以先挑出这样的信号词,帮助你把材料分割成几部分,让你更容易阅读和理解。请看下面段落。

卢卡斯博士进入实验室后,先仔细检查了所有的仪器和设备,然后开始了日常工作。首先,他进行了一项基因试验,试图找出卷发是显性还是隐性,结果证明是显性性状。接下来,他开始帮一位生病的朋友对几只老鼠进行血常规检测。检测属于癌症研究的一部分内容,必须每天进行。完成后,他将结果发到朋友的邮箱里。最后,他又开始另一项试验,这项试验是他研究帕金森病疗法的一部分。

如你能分辨出所有表示顺序的信号词,就能把本段分成4个部分;介绍部分以"……后"开始,其余的部分分别以"首先""接下来"与"最后"开头。

另一组常见的信号词能告诉你作者准备进行总结或者给出结论。这类词很容易识别,还能告诉你可能要结尾了。找出以下段落中表示结论或总结的词语。

夏威夷能带给游客很多很多东西。夏威夷气候温暖宜人,既不太冷也不太热。在这里,你可以冲浪、游泳或享受其他运动,同时这里还是躺在沙滩上享受日光浴的理想之所。也许你只想在旅馆内放松、读书或者是打开CD享受音乐。当地人的友善让几乎所有人都有宾至如归的感觉。正如你所见,不论是对青少年还是老人而言,这里都是理想的度假场所。

一些常见的表示总结性的信号词包括"总之""因此""正因为

此"，以及上一段中的"正如你所见"。

较难材料的快速阅读

你可以通过阅读小说提高阅读速度，但阅读教科书通常更难。阅读哲学与抽象的材料时，必须寻找信号词才能预测后面的内容。在建立预期前，有经验的读者经常能以相当快的速度掌握抽象阅读材料。只有带着这种认识，才能以较快的速度理解有难度的阅读材料。记住，每分钟阅读量超过 1000 个单词时，你就开始读出了预期的顺序。这么做时，你必须不假思索地反映出词语和文意。你会更多地认识到整体的思想与完整事件，而不是单个词汇。这同你认识整个单词而非单个字母的现时能力相似。词汇几乎已经成了符号或者图片。进行可视阅读时，你会很快看到词群，并且能对由词群构成的整个文章或者事件做出反应。

掌握如何阅读信号词，提高阅读速度

视读速度为每分钟 1000 多个单词。很明显，你没有时间停顿、分析，因此不要期望以每分钟 1000 多个单词的速度阅读你没有接触过的抽象书籍。如果你能以这么快的速度阅读有难度的材料，那么你就是一位非常有天赋的读者。每分钟能阅读 500 ~ 600 个单词的速度已经很快了。

不要认为这意味着你不能以更快的速度去阅读有难度的材料，你当然可以的。但我发现，速读课程刚开始时，即便是最好的读者，一旦遇到有难度的材料，阅读速度通常也会下降至每分钟 100 ~ 200 个单词。以每分钟 600 个单词或者更快的速度去阅读该类材料的确是一项需要培养的技能。

快速练习有助于慢速阅读

你无疑还记得我们要对理解和速读分开进行培养。但你应该明白,培养慢速阅读必须用简单的材料练习快速阅读。培养单词与文意认识能力最好的方法就是快速阅读简单材料。当你阅读简单材料的速度变得越来越快时,你会发现阅读有难度的材料的最慢速度也提高了。

几乎每个人都会经常遇到两种阅读方法。有些书里的词汇与文意非常简单,阅读起来速度超快。还有一些书的内容抽象生涩,要进行分析阅读才能理解。由于一步步阅读分析下去很难,所以不要认为当要求你在练习或者实战中加速阅读时你就应该加速。你必须进行充分的练习,从而学习如何处理有难度的阅读材料。放慢速度是一种方法(而且当你掌握了阅读技能后,就不用过度地放慢速度)。第二种方法是找出过渡词。第三种方法是弄清楚作者如何从简略过渡到详细。

以上提供了几种提高阅读理解能力的方法,接下来你将会学习其他方法,应该像学习其他所有技巧一样学好这些技巧。这是学习后面复杂技巧的基础。

翻到第四周实践训练,完成今天的作业。

第20章 chapter20

阅读方法不止一种

到目前为止,你已经学到了在学校学不到的阅读方法。有很多阅读方法供你选择,认识到这一点很重要。你应该知道阅读方法绝非一种。在本章中,我们将学习一些阅读方法,供你自由选择。

在学校,你可能觉得阅读就是挑一本书或者你想读的别的材料,然后开始逐字逐句地阅读。如果先看书的结尾,你可能会感觉自己"上当了"。在我看来,阅读就是你通过看一本出版物或材料达到自己目的的过程。我希望在这一点上你能相信我。你在学校只是学到了一种技巧,而这种技巧一点也不神圣。

过时的快速阅读法

许多年前,学校总会教学生略读,这是一

种过时的快速浏览方法。真正糟糕的是，学校之所以教给你这一宝贵的技巧，并不是因为其有用性。我会教你一种新的略读方法，它将成为你可选择的方法之一。

简单点说，略读就是选择性线性阅读。换句话说，以逐字逐句为基础，但又不阅读全部单词。教你略读时，你通常会学到要阅读每段的第一句话。这是个了解文章主旨大意的好方法，但也存在一些明显的弊端。这种方法不全面，有时候还会误导读者。

最好的略读方法是阅读第一段或第二段，然后以最快的速度阅读各段的主题句。使用画下划线法进行下面的练习，在脑中确立略读的方法。

练习 31

说明：用手指画线法进行选择性略读。然后返回阅读整篇文章（使用任意手动法均可），看看你对材料的理解是否正确。

搬运车离开后，你站在门口看着属于自己的一块资产。脑子里突然想到……我能用这片沙地干点儿什么？

在多数情况下，搬运车离开时会把你身上的最后一分钱带走。许多人搬到新家后，积蓄基本也花得差不多了。而且，付了定金、手续费（没人具体算过多少）以及水、气、电话、家用电器以及为隐私支付的其他费用之后，如果还有钱买点面包和牛奶，那你真是幸运。但是为了在邻里之间树立信誉，你决定建个草坪。从哪个位置开始呢？你想干什么？

你预想 Taj Mahal 以及建筑商建造的房子不如你 12 岁时在自家后院盖的俱乐部，为此你会咒骂讨厌的建筑商。而现在，你自己拿着铁铲开始挖坑，结果发现建筑商把垃圾都倒进了你家院子，还称这是"完工的地平面"。他们肯定是跟城市环卫部门签了什么合同。

然而，现在你自己说了算了。同多数人的想法可以不同，建一个

> 茂盛的绿色草坪，不用考虑土壤的含量，除非有一部分化学成分。比如，有时候填土是从某个建筑工地拉过来的，里面含有大量的汽油、油渣或盐垢。为了避免使用这样的土壤，你可以从几个方向闻闻土的味道，看里面是否有不能辨别的味道，或者是否有汽油的味道，你要去找当地苗圃商进行土壤测试，或者让他帮你找点填土。
>
> 一切准备妥当之后再往下进行。把你的铁铲放到一边，一两天内用不着了。开始把眼前能用手拿的东西拣出来：石头、砖头、沥青纸、木头、树桩以及草。别漏掉任何东西。看到的小物件都得挑出来，要不后面你会很头疼。
>
> 等你挑出所有的石子、砾石与鹅卵石后，让你的妻子和岳母看着点。让她们看着就丢不了东西了。然后，你在100平方米的土壤表面铺上20千克的大块石膏。最后，再铺上20千克含氮量低的花园绿草——4∶12∶4或5∶10∶5的比例就不错。你要的是肥沃的绿草与茁壮的根部，而不是期望它们能长得多快。
>
> 这里要增加预算。租一辆推土机把土壤与铺在上面的材料彻底碾碎。从地面下1.5~2.5米处开始耕耘，来来回回交错进行。一遍后，再从一边向另一边推土。秘诀是把土壤碾得尽可能细，节省大量的手动劳动。
>
> 在做其他工作前，送回租来的推土机，以便节省开支。这个建议我是通过邮件收到的。推土机在那停着都收费。㊀

略读节选内容后，你是否知道了主旨？在多数情况下你可能会知道，但在一些情况下你得到的可能是完全错误的信息。这并不意味着略读没用，但可以确定的是略读代替不了阅读。

㊀ From *Plants Are Like People* by Jerry Baker. Reprinted by permission of Nash Publishing Corporation.

扫读，另一种阅读方法

有时候我们会交替使用略读与扫读这两个词。大多数人可能确定不了单个词的含义，即便是阅读专家也不能达成一致。因此下面我将给出两者在本书中使用时的含义。

扫读属于一个完全不同的阅读过程。扫读时，你通常是在寻找一些信息。因此，你需要查阅所有的内容，以便确定自己要找的信息位置。在电话本里找电话是一个最常见的扫读例子。你在寻找一个具体的名字，这样就让阅读任务变得相当容易。但是，你必须看完所有的名字才能知道他们是不是你要找的名字。

因此，扫读在某些方面有点像视读，即看到了所有单词。当然，视读时你不一定提前知道自己要找的内容，不是要找具体的信息，而是要跟随文章的脉络。你要寻找的信息越具体，扫读就越容易。进行下面的扫读练习。

练习 32

说明：使用手动法，以最快速度找出文章中的人物。

一天清晨，矿工尼尔·奥迪亚走进圣文森特矿的罐笼，示意把他放下去。寒风在他耳边回荡，他从支架竖井下到150米深的地下。他走出罐笼进入矿站，发现天还早呢！

晚班的矿工正在百慕大路下艰难地施工，白班矿工咽下了最后一口粥和咖啡。不久，他们将蜂拥加入到百慕大、史威特与圣文森特的工程中去。

百慕大是南面坡的最高点，稍微向下的山下部分史威特位于西面，而圣文森特在东面。百慕大与圣文森特在地下相连，横纵交错，像迷宫一样。吸入圣文森特竖井的强大气流通过出口进入百慕大。

奥迪亚点上蜡烛进入了漆黑的横巷入口。走了30米后他停了下来，神经质般地用鼻子嗅着。他好像闻到了烟味。

> 他沿着横巷继续走着，心跳也加快了。矿井里最让人恐惧的莫过于地下火灾或气体爆炸。上面换班的同事不小心丢下了一根点燃的火柴，因此烟味可能只是油浸布的闷燃。
>
> 奥迪亚继续前行。周围漆黑一片，蜡烛照在他脸上微微泛红。后来他听见了噼啪声。突然，他看见火焰吞噬了前面的墙支架，连头上的帽子也着火了。
>
> 他没有向安全的地方跑，而是脱掉了外衣。幸运的是，大多数烟气被吸到了百慕大的方向。他用外衣灭火，但火更大了。烟气在他的脑袋周围盘旋。加热的岩体形成的含硫气体呛得他喘不过气。
>
> 他蹒跚地退到矿站。几个矿工刚好从罐笼上走下来。"横巷着火了！"他气喘吁吁地说。
>
> 他们丢下午餐桶，抓起一大卷帆布软管，软管同竖管相连接，他们把它拉近横巷，弄湿碎布遮住自己的脸。他们尾随着奥迪亚进入了火里。战斗才刚刚开始！㊀

你应该能利用手动法（分段或刷页手动法）快速完成任务，并发现文中的人物只有一个，但文章最后提到了其他矿工。

四种阅读方法

这四种方法如下所示。

1. **线性阅读法**：最初学习的逐字逐行阅读方法。该方法最适合阅读复杂材料或者每分钟超过 800 个单词左右的阅读速度。

2. **略读**：选择性线性阅读。选择段落或段落第一行。

3. **扫读**：从整个材料中找出具体信息的阅读方法，比如名称或数字。

㊀ From *The Copper Kings of Montana* by Marian T. Place. Reprinted by permission of Random House, Inc.

4. 视读：阅读词群。以向下移动的模式从左到右和从右到左地阅读，不按线性阅读顺序。通过练习，这种方法对于一般难度的阅读、简单材料以及阅读量超过 1000 个单词 / 分钟的阅读很有效。

作为一名高效读者，上述方法属于你阅读技巧的一部分。你会发现自己在不同的阅读条件下会使用大多数阅读方法。第 21 章将讨论如何使用上述方法。

把内疚感抛诸脑后

尽管学校不再教授略读方法，但大多数人都认为每个人都会略读。我问过我的学生，发现事实并非如此。问他们如何略读时，答案五花八门，多数属于凭空猜测。

学习略读、扫读或者为特定阅读的最难点是学会在完成阅读目的后停止阅读。学习快速阅读技巧的学生常常会因为没有读完全部内容而内疚。这绝不是客观的态度，更不要说高效了。必须摒弃这样的认识，才能成为一名速读者。

你的书架上一定摆满了你读过的书，其中不乏你逐字逐句阅读的书，为此你一定花费了大量时间。把你花了 15～30 个小时阅读的书找出来，问问你自己：几个月或几年后，我还记得多少内容？

当然，你不可能全部内容都记得。即便是读完几个月后对书中内容进行了回忆，也不可能记住太多细节。重要的是先确定你的目的，即你想记住什么内容，然后找出一种信息获取方法，以最快的速度完成阅读目的。达到目的后，就意味着读完这本书了。学会了这一技巧，再使用时你就不会有内疚感了。

现在，你已经学会了略读与扫读，准备好学习如何使用新的技巧进行阅读了吗？这将是第 21 章的课题。然而在这之前，一定要认真练习一小时。

翻到第四周实践训练，完成今天的作业。

第21章
chapter21

提前组织有助于理解

阅读与倾听通常被认为是被动的交流活动，写作与口语则属于主动交流活动。高效速读的一个关键是学习在阅读时保持主动。事实上，我们学到的是一种接受性的阅读方式，以某种被动方式简单地阅读材料并接受提供的信息。大部分快速阅读都是在学习如何更积极地阅读。

"提前组织"准确地说出了在阅读前对阅读材料进行组织的尝试，其目的是提高理解能力以及对信息的记忆力。"提前组织"更常见的名称是"预习"，有的人也称之为"预览"。

很容易理解为什么提前组织有助于阅读。比方说，你准备驾车去一个陌生的城市，如果你提前研究了地图并熟悉了路线，知道在分岔路向哪个方向拐弯，就不用放慢速度或者拿出地图来找路，这样就能节省不少时间。假如阅读时提前知道了后面要讲的内容，你就能阅读得更快、理解得更好。

提前组织还能在其他方面提供帮助。提前预习后，你就不是第一次阅读。你肯定也同意第二次阅读比第一次阅读要理解得更好些。当然，这仅对速读者有用，原因是他们阅读两三遍相同材料所用的时间是慢读者的 1/3 或者更少。还应记住的是，多重阅读过程是速读者获得更好理解的必经阶段。

虽然多次阅读材料有明显的优势，但同样重要的是重读材料过程中你在做些什么。你不仅仅是第二次重读，应该尝试组织材料。组织得越好，阅读的速度就越快。

从整体到部分

动身旅行之前第一次看地图时，你看的是整个路线，开车上路后你走的是具体线路。你可能看到是城市的航拍图，自己要经过的道路，但开车后看到的是更详细的路况。你可以轻易地将整个路线关联起来：你知道各个路段在整个路线中的分布。

阅读时，你要做的事情与上面说的一样。先看看整体，尝试找出阅读的是什么内容以及从材料中能得到什么信息，然后开始阅读各个部分。先看整体，然后部分，通常能让你更好地把握要找的内容。为什么你对材料的理解会更好呢？答案很明显：第一，你不是第一次阅读材料；第二，你尝试以你自己阅读材料的方式对材料进行了组织。

找出作者写作的"地图"

理解了提前组织的作用，你可能想知道如何"提前组织"。遗憾的是，作者并不会为所著的书提供真实的"地图"，但往往会提供很多线索，你可以利用这些线索开始自己的读书旅行。线索也没有的话，仍然有很多方法有助于你提前组织材料。有时候需要付出更多努力，毕竟要做到娴熟绝非难事。等你能做到这一点，你会发现这将成为一大阅读利器。

难读的书通常最简单

作者通常为最难读的书提供了"地图"材料。为了提供辅助，大多数材料组织有序。主要的"道路"都有路标指示，路标称为二级标题或粗体标题，通常这些二级标题下还有三级标题。当然，三级标题指示的是更小的"道路"。材料的章节会以下列方式组织。下面提供了举例说明，但没有提供具体文章。

纽约市生活	一级标题
城市发生了真实转变	二级标题
犯罪率比你想象的低	三级标题
一些地区更安全	三级标题
生存比旅行更容易	二级标题
旅游生活很忙碌	三级标题
不同的居民区	三级标题
公交降低了对私家车的需求	四级标题
多样的文化与社会进步	二级标题
剧院与影院大量涌现	三级标题
时代广场现在成了香饽饽	三级标题
音乐、教育与社会机遇	三级标题
体育与娱乐优势	三级标题

在上面的例子中，读完所有二级标题，你就能对作者要写的以及自己读到的内容形成清晰的了解。

非小说预习

预习是多重阅读的第一步,其目的是提前组织材料。提供了如上所示的清晰"地图"后,你就做好了进行下一步学习的准备——找出更多关于材料的信息。这一步很容易做到,思考后会更明显。根据你在第 11 章学到的小说组织形式,关键信息通常位于段落的开头与结尾部分。

预习非小说材料时,首先查看文章的组织结构(分成几个部分)。其次,略读主要段落开头与结尾找出重点。为有效地略读非小说内容,你要采用线性阅读法阅读章节的前几个段落,找出作者在本章中要讨论的内容,同章节标题进行关联。毕竟,作者要谈论的内容肯定会强调章节的主题思想。非小说的目的一般是交流信息,对大多数作者而言,信息交流从章节标题开始。

完成后,你可以做两个选择。第一,你可以跳到(跳读)章节的最后找出总结性段落,总结性段落可能是最后一段或者最后几个段落。信号词通常能提供线索,比如"不久""因而""因此""如你所见"或者是"总而言之"。有时候没有总结性段落,但你仍然能注意到作者要讲的内容。

如果二级标题下还有三级标题,可以选择第二种方式。你可以浏览本章节,阅读章节主要部分的开头与结尾。这能让你清晰地了解作者将如何阐述自己的观点。

通过预习提前组织好以后,你就做好了阅读的准备。

没有明显的"地图"时

不是任何时候都能轻松找到作者写作的"地图",但了解了非小说写作方法的重要性后,你就能寻找开头与结尾以及其他明显的组织信号。总有段落能显示文章的组织方式与结构,有时候段落之间会有较大的留白。这代表了观点间的分裂或转折,因此应留意这样的空白。

对材料组织方式的设想将帮助你理解并记住材料。理解可以看作大脑对信息的组织与归类,大脑会把收到的信息同已经存储的信息进行比较。如果信息都是全新的,就有必要建立新的文件,否则信息将处在混乱之中。如果没有存储新信息的位置,所有新信息将非常杂乱,寻找起来将非常困难,而且特别容易丢失或遗忘。有意组织的信息越多,新信息就能越好地帮助你思考。

下面的练习选自彼得·韦弗的《你,公司》(*You, Inc.*)一书。尝试使用该技巧进行练习。

练习 33

说明:预习下面章节:①浏览整个章节,找出文章的组织方式(有无分支);②阅读主要分支的开头与结尾段落(如超过一次),尝试找出章节要讨论的内容。

完成章节预习后,返回并试着阅读,采用分段法,找出作者所写内容与预习时预测的内容是否一致。如觉得必要,可以重复阅读,但只能采用分段法。

为什么离开

为什么有人放弃有安全保障的国企或政府工作去尝试没有安全保障的自我创业?这通常是在政府机构工作的人提出的第一个问题。他们会为莫名的不安或抑郁辩解说自己早涝保收,而且还能享受各种名目的附加福利。他们从生到死都由政府照看。"这虽然不一定是最好的,"他们说,"却是安全的。"

真的安全吗?今天还有可能是安全的,但明天呢?问问那些航空工程师以及丢掉铁饭碗的人吧。他们的全部收入曾经来自政府合同,这让他们错误地认为自己的工作有安全保障。现在的结果你也看见了。

政府曾经给的现在都收了回去。政府的薪金停了，你突然就失业了，在大街上茫然无措。

即便不是政府缩减支出，也可能是另一个大萧条或者企业兼并。"对不起，你知道是什么情况……但我们在精简你所在的部门。"是的，你知道情况。你知道现在你要失业了。过去的所有精选的医疗方案、病假以及抚恤金连狗屁都不是。

后来出现了"人类退化"。你累死累活地干工作，突然有一天认识到"他们居然把你淘汰了"。为什么？你在中学或大学学的东西今天都过时了。现在需要新技术，而他们最近雇用的新人似乎懂新技术。你可能认为这不会发生在你身上？嗨！听听布兰迪斯大学经济学博士詹姆斯·舒尔茨是怎么说的吧：

"技术革新的步伐日益加快！他们正在讨论35岁就跟不上技术要求的工程师。他们说工程师会被逐步淘汰，新的技术让他们接受的教育不合时宜。有些人会选择逃避，或者像燃尽的灯泡被拧下来扔掉。"

除了舒尔茨博士，其他人也提及要提防"像灯泡一样被拧掉"的危险（似乎"拧掉"这个词更好）。哈佛大学、波士顿大学产业心理学家哈利·莱文森称：

"在一个机构待的时间过长非常危险。机构每天都在精减人员，有一种内在的操纵机制让雇员逐步被淘汰。一些员工年老后会自动降级，以吸收新的前沿人才。"

莱文森继续说，另外还存在"新官综合征"。按照莱文森的说法，"新官综合征"指的是新老板上任后可能会因为不喜欢你的发式而把你扫地出门。企业或政府固定工作其实也并非那么有保障，你得在被解雇之前准备好离开。人生必须由你自己做主，不能再让那些老板替你做决定。他们欺骗你时似乎总会对你说，"你知道的……"

以下是莱文森著作《行政人员压力》中的原话：

"精神健康的人会为了自己和别人的利益利用其资源……他们负责

自己的活动，而不让活动来负责他们……一个人如果不能控制自己的生活，那么就会被别人无意间控制……你的生活是你自己的，你必须负责并管理自己的生活。"

到这里，我们主要讨论了经济与技术原因：你至少要认真考虑放弃固定工作自己创业的原因是什么。你要避开组织或机构的生活方式还有其他重要的原因，科学家把这些原因界定为"心理原因"，而人类学家会定义其为"心灵"原因。老板总是对你的观点不加考虑就拒绝。

每次你被告知要做什么、不要做什么以及什么时候做时，你的心灵都会受伤，你的智力发展会凋谢，甚至错误都是他们让你犯的，而不是自己主动犯的。

这是真正让我惊恐的地方。在没有充分考虑的情况下，我的上司会挥挥手说"这不适合我们……你知道的"，就这么随意地拒绝我的一系列建议。

现在成功开办了一家新闻服务公司（撰写并出版商业通讯）的彼得·纳甘非常认同这一观点。他在创业前有同样的遭遇。他说："我在一家大型集团工作时，直接上司能力非常强，但我认为他没有权力主宰我的人生。我经过认真考虑向他提出了一个成熟的想法，但他只是耸耸肩就抹杀了。"

我想我们都在抱怨缺少自由。为了政府机构提供的令人质疑的安全保障，我们不得不放弃太多自己的智力自由。人类（甚至动物）都不愿意放弃自由。因此，为了让你自己做许多不愿意做的事，当你或你的同事受够了威胁要离开时，组织会贿赂你并给你加薪。有时候，这些贿赂的标签可能是"加薪""费用账单"或"免费停车位"等。

你便又留了下来，但你还是搞不懂自己怎么就有了溃疡、向家庭成员或朋友发脾气，甚至失眠。你都不喜欢你自己了。没有人会喜欢被迫受贿。如果你为此不开心，你会找到很多这样的伙伴。听听《社会工作者与公共部门》(*Public Workers and Public Unions*) 一书的作者，劳工专家萨姆·扎戈拉怎么分析当前的工作状况：

"不同性别、肤色与体力的美国工人都感染了抑郁症，包括牧师、技术人员、管理人员、老年以及青年工人……受生产力不高、高缺勤率、偶发的厂内破坏以及吸毒等行为的刺激，有些雇员认识到事物背后的事实：越来越多的雇员认识到他们从事的是一些非人化的杂务。"

从一家机构跳槽到另一家不能解决问题，贿赂可能会更严重。刚开始更容易接受新的工作条件，但过不了多久，这些非人化的杂务会不断侵占你的工作时间。

有时候你会很幸运地碰到一份不错的工作，有相对自由的时间干自己想干的事。老板很慈祥，事情看起来很光明。"那我还担心什么呢？"你对自己说，"我得到的回报又不少……他们花钱让我做自己喜欢做的事。"我不想那么令人讨厌，但事情不会总那么完美。还记得经济灾难吗？不切实际的政府支出或技术变革会摧毁整个工业与城市。

即便是你喜欢自己的工作，且能免受任何经济剧变的影响，你仍然应该考虑利用自己的一部分时间做点小生意。

麻省理工学院斯隆商学院的教授理查德·贝克哈德说："开始兼职创业能让你的工作干得更好。"贝克哈德开始了自己的兼职咨询业务，并称这让他的教师工作干得更好，帮助他接触更多的现实社会。他鼓励对自我满足的管理，通过参与外部项目以提高技能，并创造更美好的未来。

你能从组织外自己的事业中获得充分的满足，这就像是播种、浇水然后看着它发芽成长。在组织内部，一个人创造性努力的关联性会变得模糊不清。同时，当你自己的项目开始发展并取得成功时，不管成功的大小，你都会找到自信心。这种自信心会体现在机构的工作中。我知道，自从开始兼职新闻专栏后我工作干得更好了。我的心态变得更平和，对组织的依赖减少了，也放松了许多。

莱文森博士说："人需要各种不同的满足。把所有的鸡蛋都放进一个篮子里，你承受不了。一旦丢了篮子，鸡蛋就全打了。"

在一家大型集团工作的一个年轻人也说出了自己的经历："我发现自己在会议上更有勇气。发现什么事情不对，我都会说出来，不管我的上司愿不愿意听。"

客观地说，一个人从兼职创业中得到的信息会让其全职工作的公司从中受益。任何组织听到这样的事实后都会受益，不只是一些老板想听到的。

结束"你要创业"的话题之前，我们不要忘记，任何机构的任何人都必须面对最后的打击，我称之为"最后的战斗"，他们称之为"退休"。你可能曾经对自己的工作极为满意，但时间会慢慢流逝。很快，他们会请你吃一顿不错的午餐，给你个小礼物，希望你能退下来享受"安逸"的晚年。哎！他们这是在切断你的财路。对许多人来说，这是个经济灾难。当你兴奋地打开你的社会保险与养老金计划时，你会发现数目少得可怜。对多数雇员来说，退休意味着收入的急转直下。

所有好医生都会告诉你，人一旦停止工作身体就会慢慢垮掉。孩子们不再依赖你。现在的组织也不需要你了。小的伤痛无端地就会发展成严重疾病。

退休后，最好在外面找点想做的事。全身心地投入，一步步做起来。你的小生意也需要你。那些买你产品或服务的人也需要你，那些给你打工的人也需要你。

因此，如果你对现在的工作满意，找一个副业作为你的"救生船"。要知道，即便湖面平静、船舰庞大而坚硬，船长依然不会起航，除非已经配备了足够的救生艇，所有人员已经就位。甚至船长还会进行救生艇演习，以确保做好应对潜在灾难的准备。

你也应该做同样的事。干点小事业，准备一条救生船。装配好，定期进行练习，确保在你需要的时候派上用场。你将负责自己的救生船而不是由另一名船员负责。你会从中发现这非常有趣。⊖

⊖ From *You, Inc.* by Peter Weaver. Weaver Communications, Inc. Reprinted by permission of Doubleday & Company.

看完上面的材料后，你是否注意到两段之间有较大的空白间隔？这意味着本章由两个部分组成。你是否发现了本章结尾处的总结段落？该段以信号词"因此"开头，是倒数第二段。

阅读前两三段、间隔前的最后一段、间隔后第一段以及倒数两段内容后，你就能预习好整篇文章。但利用分段法返回阅读时，你是否发现作者仅仅是在阐述自己的主要观点？

当然，阅读目的决定了阅读的认真度。为了找出重点而阅读时，"阅读"本章就够了。但如果你是一名学生，当被要求列举多个例子与说明时，就需要更认真地阅读材料。因此，阅读目的将一直决定你的阅读技巧。练习能让你做得更好更快。

翻到第四周实践训练，完成今天的作业。

第22章
chapter22

改变态度，提高速度

到这里，你已经学习了本课程一多半的内容。要是你一直按照要求进行练习，无疑应该取得了不小的进度。你有可能已经体验了每分钟超过1000个单词的阅读速度，而且理解得不错。当然，你一定体验了快速阅读练习。你对自己能达到这么快的速度是否吃惊，还是感觉你只是在一边翻页一边看单词，什么也没记住？

学到本章，大多数学生差不多都取得了相似的进步。有些学生对自己的进步很兴奋，另外一些则很失望。作为导师，看到两个学生截然不同的感受时，你都不知道原因。只要一点经验，你很快就能根据学生的态度判断他们学得好坏。

这就像是谚语所说的半杯水：半满还是半

空?认为半满的学生明显有着积极的心态,而认为半空的学生看事情往往会有点消极。根据经验,老师很快就能知道积极乐观的态度对学生多有帮助。我们根据经验得知:积极看待学习的学生通常学得更好。

篮球实验教会我什么

数年前,我阅读了著名整形医生麦克斯威尔·马尔茨的著作《心理控制论》(*Rsycho-Cybernetics*)。作者在书中描述了一项篮球队实验。队员随机分组,测试每个队员从某一点投篮的准确率。实验最有趣的部分就这样开始了。一半队员连续两周每天练习投篮1个小时,另一半两周内每天躺在床上10分钟。但不是单纯躺在床上,也给了他们简单的要求:想象自己投篮成功。两周期限结束时,两组都进行了测试。尽管没有一个比得上迈克尔·乔丹,但结果令人惊讶:进行实际练习的一组提高了25%,而进行想象练习的一组提高了24%。

上面的例子不是为了让你停止实践训练而去想象快速阅读,相反,这项实验是为了说明你在脑海中想象,实际上也是一种练习。虽然不如真实练习那么有效,但也是练习。想充分理解这一点,你可以去读马尔茨写的那本有趣的书。这足以说明消极的态度暗示你在想象着失败。想象失败实际上是一种练习失败的形式。发现自己在做这样的练习时,最好马上停下来,不要再继续。

关键是相信自己很快就能做到速读。同样重要的是,想象你自己能够做到快速浏览,更高效地学习,并能在各方面取得成功。有意识地去努力应该不会太难。如果你认为自己的态度很悲观,要设法去改变,至少每天抽出几分钟想象自己成功做到了快速阅读。无论什么时候发现自我怀疑,都要停下来去想象你会成功。

如果你知道了消极态度会阻碍你取得的进步,就一定能做点什么来改变,除非你不想读得更快。

阅读速度停滞不前或者下降时如何进步

学习一项新技能时,你会经历许多阶段。一些人取得较大的进步时会激动,而另一些人会因取得的进步不够大而失望。后者往往被认为遇到了学习高原(learning plateaus),也就是你觉得自己在退步!尽管这让人很失望,但你理解以后会变得非常有帮助。

同感觉相反,这实际上是你进步的重要阶段。正是在这段时间,你巩固了已学的内容,并为进一步学习做好了准备。取得了这么多进步后,你需要花点时间适应这些大的变化。

有些人在一夜之间阅读速度提高了一倍,但又对自己不能一直保持这样的速度而愤愤。要知道,你已经习惯以一半速度阅读,甚至你的大脑也早已习惯了以更慢的速度处理书面信息。给它一个赶上来的机会吧。当然,你阅读得可能会更快,但这个过程你从未经历。你的大脑可能是台计算机,但并不是增加新的内存或更快的芯片那么简单。学习是另外一回事。因此,你可以放松下来享受"止步不前"或学习高原的阶段,因为这跟你速度的突然提升一样重要。

记住练习阅读的价值

你已经花了两周时间练习视读,有时候回顾学习内容以及原因也很重要。学习视读对一些人来说可能相当费劲。你可能觉得不就是"翻页"或者"看单词"吗?什么内容也没理解?然而,在尝试的过程中会发生你意想不到的事。

正如本书在前面所解释的，学习视读就好比一个突然失明的人学习靠听力识别信息。尽管你我跟盲人听到的声音一样，但盲人能从声音中获得更多的信息。在这一点上，你我都看到了页面上的文字，但你并没有我识别的信息多。练习快速阅读时，你得到的信息可能少得可怜。

依靠视觉来获取信息并进行大量练习是成功的秘诀。想学习从声音中获取更多信息的话，应该戴一段时间眼罩，一个月或更长时间。想学习从视觉而不是声音中识别更多信息时，你应该带上耳塞一个月左右。不要真的跑去买一对耳塞，那样对你没有好处。进行快速阅读练习是唯一要做的事情。

练习快速阅读的速度最好每分钟超过 2000 个单词，这样会强迫你依靠发送到大脑的视觉信号来获取信息。以一般速度阅读时，大脑会同时收到视觉与听力信号，因为你看到单词的同时会默读出来给自己听。你已经知道可以不默读出单词而依靠视觉来理解。很明显，最好的办法是练习快速阅读，以迫使大脑通过视觉信号来获取信息。

你的阅读生涯开始后一直都是依靠两种信号来进行理解，这段时间可能是 10～20 年不等。你不要期望自己的大脑在一夜之间就能适应新的变化。事实上，可能需要一两个月的高速度阅读练习时间。根据你的年龄与态度，可能需要好几个月的练习才能适应新的技能。但不要为此而失望，任何努力与练习都会有所回报。每分钟的阅读量提高 50 个单词也意味着每小时阅读 3000 多个单词，或者多读 10 页小说。

我"最好"的学生

我在班上遇到的最好的学生叫玛丽。她哥哥亚历山大跟她一个班，也是一位好学生。比较而言，玛丽的阅读速度很慢，低于一般水平。此外，标准阅读测试时，她的理解得分也不高。亚历山大让我得知，玛丽在第一节课上就认识到快速阅读的作用了。她不需要证明，只想认真学习，她也是这么做的。

玛丽变得更谦虚了。她安静地做练习，起初效果很小。她的速度提高了，但理解能力下降了或者说停滞不前。很明显这让她不能接受。她坐在成绩优秀的哥哥身边，而且最初的成绩让人沮丧。但玛丽并不因此失望。她不是每周练习 6 个小时，而是练习了 10 个小时、12 个小时甚至更多时间。

最终，课程快结束时，她的速度跟理解能力都开始攀升。在最后的课程上，她的阅读速度提高了大概 6 倍，理解得分提高了大约 50 个百分点，从 30% 到 80%。我希望这是我的功劳，但玛丽通过自己的努力确实做到了。我为能在这里为她指引方向感到非常幸运。

单独完成每天的练习

每天进行新练习的最佳时间是起床后。不能在早起后进行练习的话，至少想象一下今天要进行的练习以及练习时间。这能开启你积极的心理定势。同时在睡觉前，再思考一下你成功完成的练习。决定练习时间、内容，并想象你成功完成了练习。

这些都是简单的技巧，但都已经证明作用很大。遇到任何困难时，根据我的建议，看看你能否让困难变得容易。我学习该技能时也付出了不少努力，现在我已经帮助成千上万像我一样的人学会了。如果认为这充其量是"积极思维"而不屑一顾，你很可能很快就把本书束之高阁。那样的话，你的阅读速度也就不能提高了。如果你不想提高阅读速度或者没有挑选本书，就不要遵循书中的观点。毕竟，按照我的建议学习，不但不会让你失去什么，反而能让你学会更高效的阅读方法。

练习 34

1. 睡觉前，上床前后利用几分钟想想你明天会成功。

2. 闭上眼想象一个大的电影屏幕，决定明天计划练习的时间。想象着一个大钟表，把指针摆弄到你开始练习的时间，然后看着你坐在桌前开始练习。

3. 继续想象你利用新学的技能进行练习。看着你自己用手引导阅读，快速阅读不同的图书、报纸杂志。

想象自己成功使用新学的技能练习的次数越多，学得就越快、越简单，因此你应尽可能多地进行练习。

翻到第四周实践训练，完成今天的作业。

第23章
chapter23

小说通常预习得很快

大多数人都认为小说是最易读的文本体裁，但你在小说中通常找不到有关情节的"地图"。小说一般都没有目录，甚至是章节标题。当然，你在小说里也不可能找到二级标题。

小说是一种艺术形式，同其他非小说体裁截然不同。如果说非小说的目的是交流信息，那么小说的目的是让我们进入故事当中，带给我们有意义的人生体验。作为一种艺术，小说结构或组织形式往往都是隐性的。实际上，每个小说家都有自己独特的艺术形式。

在第11章中我曾提到，如果非要说小说存在共同结构模式的话，那就是都涉及人物。小说的情节总是先发展后结束。

对于小说而言，如果阅读目的是提前组织材料，往往很难实现。预习非小说作品后，你有时能找到所需的全部信息，完成阅读目的，但这对小说来说往往不太可能。预习小说后得到最多的信息往往是小说的构成要素，包括小说的主要人物、故事发生的时间与地点。有时候，你还能找到发生的事件，但通常是在实际阅读小说之后。

利用扫读预习小说

把预习小说的目的限定在小说的基本要素后，我们就有了十分具体的目的。这样，就有可能通过扫读找出所需的信息。

采用预习非小说材料的方法，略读主要段落的开头与结尾部分，但阅读内容不要太多。除非你阅读的是类似《伊索寓言》之类的读物，否则作者通常不会把故事的重点放在开头或结尾处，更不要提总结了。预习小说时，仔细翻阅整本书找出有关小说内容的线索，包括细读封面、推荐、评论、在线信息等。然后，从整本书中找出有助于阅读的章节标题或其他组织结构支线。

完成这一步之后，开始使用快速刷页法阅读材料，阅读目的是找出小说的人物、场景以及时间。应该以每页两三秒的速度阅读，尤其是阅读的页码内容量很大时，你还可能认识到小说的写作难度、对话或说明内容量，甚至会感受到写作风格。

为消遣而读

预习后，应该开始阅读。阅读时要融入小说之中，这也是作者的所思所想。阅读速度取决于多方面因素，主要是当前的技能水平（受日常的定期练习影响）以及材料的难易程度。大多数小说都是在写人生体验或经历，对此我们都有相关的背景知识。丰富的经验能帮助我们对材料进行快速鉴别与思考。培养阅读技能后，通常有助于快速阅读。

认真阅读每个部分的开头以打好基础。小说中新内容都是从新的章节开始。小说作者通常利用段落间距作为小说组织的手段。对此你要注意，并在阅读新的内容时放慢速度。知道了小说的情节，你就可以加快速度，总体上可以按照事件发生情节控制阅读速度。读到描述性段落以及对话时，更容易加快速度。但遇到比较微妙的情节内容时，必须慢下来捕捉细节。有了经验以后你就能轻松自然地做到这一点。

了解阅读问题

阅读小说遇到的主要问题通常跟人物有关，这在俄语小说中尤其常见。俄语小说中一个人物有好几个不同的名字，这一点熟悉俄语的人都知道。但西方人每读到一个不同名字时都会认为是另外一个人物。因此，在预习时，关键是在脑海中牢牢记住主要人物及其不同名字。

在其他书中你也可能发现其他问题，预习时问题会变得明显。一旦问题得以确认，尝试在阅读之前解决问题。把问题解决了以后，比如清楚地记住了全部人物，阅读起来就会很容易，并能组织阅读内容。

回顾：第三步

多重阅读的第三步是通过再次浏览进行简要回顾，阅读非小说作品时这是组织过程的最后一步。先对总体有个了解，然后再阅读各个部分内容，最后再返回去回顾全部内容，并在大脑中进行快速整合。

有趣的是，分析小说时进行回顾同非小说阅读过程正好相反。阅读非小说时，你通常在预习时就能轻松找出组织结构。然而，正如我们看到的，小说的组织结构没那么明显。因此，先通过预习确定小说基本要素，然后跟随小说主线阅读到结尾。此时，根据阅读目的对小说进行分析。对于纯粹为消遣阅读的大多数人来说，这一步就不太必要了。但如果你是学习文学课程的学生，为了学好课程，应该准备预习、阅读，然后进行详细的复习回顾。

完成练习35，看你能否把学到的新技巧应用到下面的故事中。小说选自欧·亨利的《警察与赞美诗》。

练习 35

说明：使用刷页手动法快速预习下面的小说，找出主要人物、场景、发生的时间、总体风格以及写作难点。每页3秒钟。

完成预习后，返回以最快速度再次阅读。尝试采用分段法，跟随故事主线调整阅读速度。

最后，回顾并分析小说，找出主要问题与解决办法。

警察与赞美诗

索比急躁不安地躺在麦迪逊广场的长凳上，辗转反侧。每当雁群在夜空中引颈高歌时，穿不起海豹皮衣的女人会对丈夫加倍的温存亲热，而索比会在街心公园的长凳上焦躁地翻来覆去，人们明白，这个时候离冬天已经不远了。

一片枯叶飘在索比的膝头，这是杰克·弗洛斯特的名片。杰克对麦迪逊广场的老住户很周到，每年来之前都要提前打招呼。他在十字街头把名片递给"露天公寓"的门佬"北风"，好让房客有所准备。

索比意识到是时候狠下决心了。为了抵御即将到来的严寒，他必须马上组织单人财务委员会。想到这里，索比急躁不安地在长凳上辗转反侧。

索比的冬居计划丝毫不奢侈。他不想去南方晒令人昏昏欲睡的太阳，也没考虑到维苏威湾去漂流。他只打算去地中海游弋。他衷心祈盼的就是去岛上度过三个月。整整三个月不愁食宿，伙伴们意气相投。而且，再没有"北风"老儿和警察老爷的纠缠不清。在索比看来，人生的乐趣也莫过于此了。

多年来，好客的布莱克韦尔岛监狱一直是他的冬季寓所。正如福气比他好的纽约人每年冬天买票去棕榈滩和里维埃拉一样，索比也免不了为一年一度的"冬狩"作些最必要的安排。冬狩时间到了。昨天晚上，他躺在古老广场喷泉附近的长凳上，上衣里塞了三份星期天的厚报纸，把脚踝和膝头都盖住了，可还是没有挡住寒气。索比的脑海里倏然就浮现出清晰的岛的影子。他瞧不起慈善事业名下对地方穷人给予的布施。在索比眼里，法律要比救济仁慈得多。他能去的地方一大把，比如市政府、救济机关等，他在这些地方都能混吃混住。当然，生活不能算是奢侈。可是对索比这样灵魂高傲人来说，施舍是万万行不通的。从慈善机构每得到一点点好处，先不说够不够花，首先得付出精神上的屈辱作为回报。正如恺撒对待布鲁图一样，真是凡事利弊同生，要睡慈善机构的床，就得先被人押去洗澡；要吃他一块面包，还得先一五一十交代个人历史。因此，还是当法律的客人来得强。法律虽然铁面无私，照章办事，但至少不会干涉一位大爷的私事，没那么不知趣。

打定主意去岛上后，索比马上准备付诸行动。省事的办法倒也不少。最舒服的莫过于找一家豪华餐馆美餐一顿，然后赖账称自己分文没有，这便就能悄悄地、稳当地落到警察手里。其余的事，自有识相的推事人士来料理。

离开长凳后，索比踱出广场，穿过百老汇和五马路交叉处平坦的柏油路面。他拐到百老汇路，停在一家灯火通明的餐馆门前。每天晚上，这家餐馆都汇集着葡萄、蚕丝与原生质的最佳食品。

索比对自己西服背心最低一颗纽扣以上的部分信心十足。他刮过脸，上装还算体面，配的那条干净的活结领带还是感恩节当天教会一位女士送的。只要他能走到餐桌边顺利坐下来,那就是胜券在握了。

他露出桌面的上半身服饰还不至于让侍者起疑。索比寻思:一只烤野鸭就差不离,再来一瓶夏白立酒、一份卡门贝干酪、一小杯浓咖啡。对了,再来一支雪茄烟,一块钱一支的那种也凑合。花销总数不至于让饭店狠心报复,而这顿牙祭又能让他去"冬宫"的旅途无牵无挂,心满意足。

可不凑巧,索比刚迈进饭店,领班的眼光就瞅见了他身上的旧裤子和破皮鞋。粗壮利落的手把他推了个转身,几下子就把他悄悄地送出去到人行道上。如此这般,险遭暗算的野鸭的不体面命运也从而得以扭转。

索比离开了百老汇路。琢磨着靠打牙祭去那个日思夜想的岛是不奏效了。要下地狱,还是想想别的办法。

六马路拐角上有一家铺子。灯光通明,陈设雅致,尤其大玻璃橱窗格外招眼。索比捡起块鹅卵石朝大玻璃砸去。好多人从拐角方向跑来,领头的是个巡警。索比站定了不动,两手插在口袋里对着铜纽扣直笑。

"肇事的家伙在哪儿?"警察气急败坏地问。

"你难道看不出我跟这事有牵连吗?"索比说道,口气略带嘲讽,却又不失友善,似乎好运已然来临。

在警察眼里索比连个人证都算不上。砸了橱窗还会留在这里等着向法律的差役自首,他们总是一溜烟逃掉。警察这时看见半条街外有个人跑着赶车子。他抽出警棍,直追那个倒霉的人去了。索比心里窝火之极,他拖着步子踱了去。第二次了,又砸了锅。

街对面有家不起眼的饭馆,迎合胃口大钱包小的吃客。那儿的盘盏和气氛都粗里粗气,菜汤和餐巾都稀得透光。索比挪动他那双露相的皮鞋和裤子跨进饭馆,这次倒也没遭白眼。他在桌子旁坐下来,消受了一块牛排、一份煎饼、一份油炸糖圈,外加一份馅儿饼。吃完后他向侍者坦白：他与钱大爷从未谋面，也无缘结识。

"手脚麻利些，去叫个警察佬来。"索比说，"别让大爷久等。"

"用不着惊动警察老爷，"侍者说，嗓音油腻得像奶油蛋糕，眼睛红得似鸡尾酒里浸泡的樱桃，"喂，阿康！"

两个侍者利落地把索比往外一叉，正好让他左耳贴地摔在铁硬的人行道。他一节一节地撑了起来，像木匠在打开一把折尺，起身后又掸去衣服上的尘土。怎么被捕仿佛成了一个梦。那个岛远在天边。两个门面外一家药铺前就站了个警察，可他笑了笑就顺着街道走开去了。

索比挨过五个街口后，才再次鼓起勇气去追求被捕。这次的机会十分难得，他满以为会十拿九稳。一位衣着简朴但讨人喜欢的年轻女郎站在橱窗前，兴趣盎然地瞪着摆出的修面杯和墨水瓶架入了迷。而两米之外，一位彪壮的警察正靠在水龙头上，神情肃穆。

索比计划扮成一个讨厌的下流的"捣蛋鬼"。他的目标是那么文雅恬静，旁边还有一位忠于职守的警察。这次他深深相信，警察的双手抓住他的胳臂时的滋味会有多么愉悦，在岛上的安乐窝里冬狩就有了保证。

索比扶正教会女士给他的领结，拉出来缩在里面的衬衣袖口，把帽子掀得几乎要歪下来，然后侧身向那女人凑将过去。他对她嬉皮笑脸、清嗓子、送秋波，把小流氓能干的所有卑鄙无耻的行径学得微妙逼真。他斜眼望见那个警察正死死盯着他。年轻女人不当回事，只是挪了几步，再次沉醉于观赏那个修面杯。索比跟过去大胆地靠近她，举了举帽子说："啊哈，比德莉亚，你想不想去我的院子里玩玩？"

警察仍死死盯着他。受人轻薄的年轻女人只需招一招手，就意味着已经上路去岛上的安乐窝了。脑海中他已经感受到警察分局的舒适和温暖了。年轻女人转身对着他，伸出一只手，捉住了索比的上衣袖口。

"当然了，迈克。"她兴高采烈地说，"要是你肯破费给我买一杯啤酒的话。要不是那个警察老瞅着我，我早就跟你搭腔了。"

年轻女人像常青藤般缠着他这棵大橡树。索比从警察身边走过，心中懊丧不已。看来命中注定他该自由。

到了拐弯处他撒腿就跑，甩掉女伴。他一口气跑到老远的一个地方。在这儿，整夜都是最明亮的灯光、最轻松的心情、最轻率的誓言以及最轻快的歌剧。淑女们披着皮裘，绅士们身着大衣，在凛冽的严寒中欢天喜地地走来走去。索比突然感到一阵恐惧，或许是某种可怕的魔法制住了他，使他免于被捕。这种念头令他心惊肉跳。但当他看到一个警察在灯火通明的剧院门前大模大样地巡逻时，他立刻捞到了"扰乱治安"这根救命稻草。

索比在人行道上扯开他那破锣似的嗓子，像醉鬼一样胡闹。他又跳，又吼，又叫，使尽各种伎俩来搅扰这苍穹。

警察旋转着他的警棍，扭身背对着索比，向一位市民解释说："这是个耶鲁小子在庆祝胜利，他们同哈特福德学院赛球，请人家吃了个大鹅蛋。声音虽然有点儿大，但不碍事。我们上峰有指示，让他们闹去吧。"

索比怏怏不乐地停止了白费力气的嚷闹。难道真永远没有警察对他下手吗？在他的幻梦中，那岛似乎成了可望而不可即的阿卡狄亚了。他扣紧单薄的上衣来抵挡刺骨的寒风。

索比看到雪茄烟店一位衣冠楚楚的人正对着火头点烟。进店时，那人把绸伞靠在门边。索比跨进店门，拿起绸伞，漫不经心地倒退了出来。点烟人赶忙追了出来。

"我的伞。"他厉声道。

"呵，是吗？"索比冷笑说。在小偷小摸上再加一条侮辱罪吧。"好哇，那你赶紧叫警察呀。没错，我拿了你的伞！你咋不叫巡警呢？拐角那儿就有一个。"

绸伞的主人放慢了脚步，索比也跟着慢了下来。他预感到命运会再次与他为敌。那位警察好奇地瞅着他俩。

"当然了。"绸伞主人说,"那是,噢,你知道有时会闹误会……我……要是这伞真是你的,我希望你别见怪……这伞是我今天早上在餐厅捡到的……要是你认出来了……我希望你别……"

"当然是我的。"索比恶狠狠地说。

绸伞的前主人悻悻地退了去。那位警察慌忙不迭地跑去搀扶一个身披晚礼服斗篷、头发金黄的高个子女人穿过横街,防止两条街之外驶来的街车会碰着她。

索比只得往东走,穿过一条因翻修弄得高低不平的街道。他怒不可遏地把绸伞猛地掷进一个坑里。他咕咕哝哝地抱怨那些头戴钢盔、手执警棍的家伙。他一心只为落入法网,他们则偏偏把他当成永不犯错的国王。

最后,索比来到了通往东区的一条街上。这儿的灯光暗淡,嘈杂声若有若无。他顺着街道向麦迪逊广场走回去,即便他的家仅仅是公园里的一条长凳,但回家的本能还是把他带到了那儿。

可是,在一个异常幽静的转角处,索比停住了。这儿有一座古老教堂,样子古雅,是带山墙的建筑,尽管显得有点零乱。柔和的灯光透过淡紫色的玻璃窗映射出来。毫无疑问,这是风琴师在熟练星期天的赞美诗。悦耳的乐声飘进索比的耳朵,吸引了他,把他粘在了螺旋形的铁栏杆上。

月亮挂在高高的夜空,光亮而静穆;行人和车辆寥寥无几;屋檐下的燕雀在睡梦中啁啾几声——这会儿宛如乡村教堂墓地的气氛。索比伏在铁栏杆上,风琴师弹奏的赞美诗拨动了他的心弦。当他生活中拥有母爱、玫瑰、抱负、朋友以及纯洁无邪的思想和洁白的衣领时,他对赞美诗熟悉之极。

索比的敏感同老教堂的潜移默化交融在一起,使他的灵魂猛然间出现了奇妙的变化。他立刻惊恐地醒悟到自己已经坠入了深渊,充斥着堕落的岁月、可耻的欲念、悲观失望、才穷智竭以及动机卑鄙——

这一切构成了他生活的全部。

　　这种新的思想刹那间令他激动万分。一股急切而强烈的冲动鼓动他直面坎坷的人生。他要把自己拖出泥潭，并征服那一度驾驭自己的恶魔。他还算年轻，时间还不算晚。他要找回当年的雄心壮志，坚定不移地实现。管风琴奏出的庄重而甜美的音调在他的内心深处已经引起了一场革命。明天，他要去繁华的商业区找点正经事干。有个皮货进口商一度让他当司机，明天找到他，接下这份差事。他愿意做个煊赫一时的人物。他要……

　　恰在此时，索比感到有只手按在他的胳膊。他霍地扭过头，眼前是一位宽脸盘的警察。

　　"你在这儿弄什么？"警察问道。

　　"没弄什么。"索比说。

　　"跟我走吧。"警察说。

　　第二天早晨，警察局法庭的法官宣判："布莱克韦尔岛，三个月。"

翻到第四周实践训练，完成今天的作业。

第24章
chapter24

不同手动法有助你的理解

练习视读也没几天,因此这种类型的练习可能会让你有点困惑(假设你一直在按照说明进行练习)。你搞不清是不是发生了什么事或者自己哪儿错了。在这里,你可能还有这样那样的困惑。别着急。下面我将为你介绍一些新的阅读方法,因为前面学到的手动法还不够用。本章的内容不能完全解开你的困惑,但至少能让你的困惑有所缓解。

大部分学生进行视读练习,要专心练习一两周的时间,有时候需要的时间更长。这样你得到的回报将大大超过困难本身。在本章中,我想教给你一些不同的手动法,提供一些相应的练习。这不可能解决你的全部问题,但至少能让你的练习既有趣又多样化。最重要的是,练习能帮助你获得更好的理解。这可能是你当前最重要的学习内容。

学习新的手动方法的充分理由

不同的手动方法能让你的练习更有趣味。除此之外，在阅读时了解并使用不同的手动方法还有其他好处。我在教授快速阅读时发现，变换使用手动法能让你对同一材料的理解更深刻。换句话说，两个不同的人阅读一篇文章时会找到两种最适合自己的方法。此外，从当前最爱用的手动方法转变成另一种更难操作的手动方法能为你提供帮助。在某些时候，你会发现自己最爱的手动方法没用了，而当改用其他方法时，你会发现自己理解得更深刻了。

关键是要熟练使用至少几种手动方法，要做到这一点，就必须每种方法都练习若干次。一旦你能自如地使用（你都不用考虑自己手指在做什么），阅读就离不开它了。

两种手动方法

有两种手动方法：一种是单根手指不动；另一种是不同手指组合交替使用。画下划线法就是第一种方法的一个例子：整只手移动，手指保持静止。刷页法是另一个例子。虽然你的整只手在快速地来回移动，但你的单根手指并没有动。分段法也是整只手移动的一种方法。本章将介绍手指移动的方法。

关键是要记住用手作为节拍器有多重要，帮助你保持记忆力、吸引你的视线，还能让你避免回读。

一般而言，手动得越多越好。原因很简单，手动得越多，眼睛就动得越少。根据我们的经验，这不仅能提高阅读速度，还能提高理解能力。这就是手动时要移动手指的原因。

尽管一开始可能有点分心，但不久你就会发现两根手指运动的方法既简单又舒服。按照图 24-1 所示，先动中指再动食指。反复练习几次，直到你能轻松自然地移动手指为止。

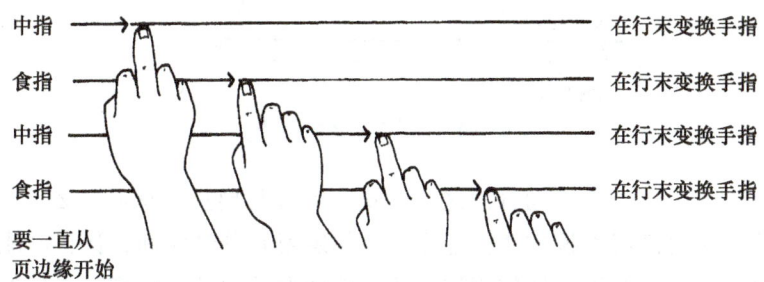

图 24-1　用两根手指画线

用两根手指画线

习惯了变换使用手指之后，尝试阅读 4 页内容，这应该很容易。能够变换手指进行线性阅读后，你就做好学习新的视读手动方法的准备了。

在所有手动方法中，中指都是从左往右移动。要记住这一点很容易。变换手指后，食指一般从右向左移动。

"Z"形手动法

接下来要学习两种新的手动法。第一种是"Z"形，很容易学会。你从左到右移动中指，然后换成食指，从右往左向左下方四五行移动。移动过程中阅读所有滑过的内容。采用分段法时，应留意段落，从左往右移动时从一个新段落开始。"Z"形模式看起来有点形似字母"Z"。记住这一点就能很容易记住该方法。手指在图 24-2 的示图上反复练习，直到能不假思索地完成。

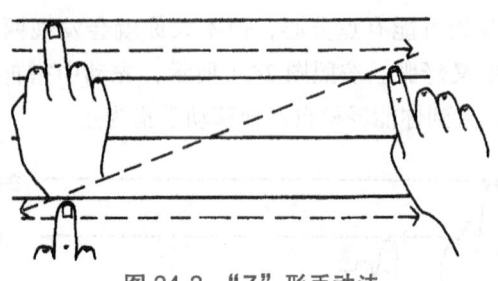

图 24-2 "Z"形手动法

学习下一个手动方法之前,找些阅读材料反复练习"Z"形法。让自己习惯该方法。记住,必须练习几分钟时间,让自己能自如地、不假思索地使用该方法。因此要练习几页内容,然后返回去重新开始。

交叉回交法

交叉回交法像"Z"形法一样易学,其形似字母"X"。

中指还是从左向右移动,但方向是右下方若干行内容。这是你手指没有从左向右作线性移动的第一次。

在图 24-4 的示意图上反复练习该方法,直到你有感觉为止。一定要在变换手指后进入页面边缘。手指成握状有助于你做出变换手指的姿势,如图 24-3 所示。

变换手指前成握状

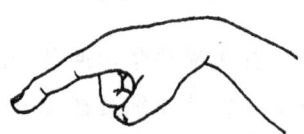
记住把不用的手指圈起来

图 24-3 变换手动前的手势准备

现在练习一下交叉回交法吧。

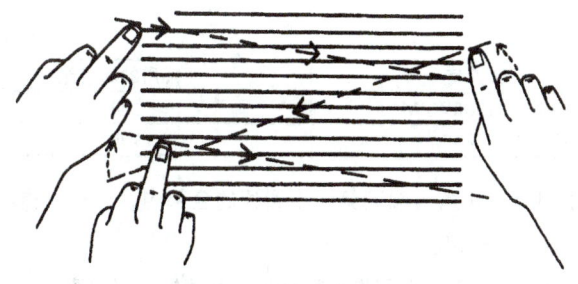

图 24-4 交叉回交法

交叉回交法的练习

练习前,确保你在页面上已经反复练习了该方法,能不假思索地使用手指。练习该方法时,尝试从新的段落开始。但这种移动方法一直是向下移动,同以段落为中心的阅读方式相背离,从而让你从一开始就关注整个页面,而不是段落。

练习了上述两种方法后,尝试完成阅读练习 36。

练习 36

材料:书、计时器

1. 选一本适合快速阅读练习的简单的书。采用画圈或分段法,以最快速度阅读 1 分钟。在结束位置做标记"X"。计算你的速度。

在下表中,根据你在练习中计算的速度算出阅读量或者页数,用于后面的练习。

阅读速度	采用的阅读量
不足 500WPM	1/3 页
500 ~ 800WPM	2/3 页
800 ~ 1200WPM	1 页

阅读速度	（续）采用的阅读量
1200 ~ 1800WPM	2 页
超过 1800WPM	3 页

2. 采用分段法练习阅读第一步阅读的全部内容，额外再增加 1 页内容。一定要做标记。

3. 采用 "Z" 形法练习你在第一步中阅读的全部内容，额外再增加 2 页内容。时间 1 分钟。

4. 采用交叉回交法练习你在第一步中阅读的全部内容，额外再增加 3 页内容。时间 1 分钟。

5. 采用分段、"Z" 形或交叉回交法练习你在第一步中阅读的全部内容，额外再增加 4 页内容。时间 1 分钟。

6. 返回第一步阅读结束标记 X 的位置。采用除画下划线法外的任何方法，以最快速度从标记处往后阅读 1 分钟。

7. 计算你在上一步的速度，找出最后阅读的单词总量。

记录在你的进步文件中。

完成练习后，返回到第四周实践训练，尽可能多做练习。练习时，你可能还想使用两根手指练习分段法：中指从左到右穿过段落第一行，向下移动围绕段落其他部分时换成食指。在从左往右开始新的一行时，一定要再换成中指。

为什么不直接垂直向下移动

许多学生都弄不清不让他们沿着页面垂直向下移动的原因。有些学生自己去尝试了，理由很充分。要是你直接沿页面向下移动，极有可能会养成不正确的眼动方式，你会让自己从每行的中间吸收单词或短语。这当然能让你对阅读内容有所理解，觉得自己正在学习视读技能。你极有可能会这样做。手指左右来回移动让你的眼睛随之而动,从而看到全部单词,天生读书快的人眼睛就这样移动。这是确认你看到全部单词而非在略读的唯一方法。虽然略读很有用,但你也知道略读代替不了阅读。

翻到第四周实践训练,完成今天的作业。

第五周实践训练

完成第 19～24 章的学习,然后花至少 6 天时间进行第三组实践训练。之后,你才能做好进行下一组练习的准备。同先前一样,利用一整天时间完成这些实践训练,不要学习新的章节。第二天阅读第 25 章,然后再重复实践训练。每天继续学习新的章节,然后重复进行练习。

完成当天的章节学习后,一定要按顺序进行练习。假如每天能练习一小会儿,完成第一个实践训练即可;如每天练习的时间长些,可以完成第一个与第二个实践训练,依此类推。不要在一节实践课上重复任何实践训练,除非完成了全部给定的实践训练。当然,你可以第一天完成第一个实践训练或练习第一个和第二个实践训练,然后第二天完成第三个实践训练。

✓ 本周实践训练需要的材料

1. 计时器
2. 钢笔或铅笔
3. 纸张,优选 A4 规格的纸
4. 基本书目

实践训练 13

材料:中等难度的非小说文章、铅笔、纸张
目的:培养快速分析段落的能力
预计用时:15 分钟

目标：每天尝试利用相同时间阅读更多的内容

每节实践课做一遍实践训练。

图示：

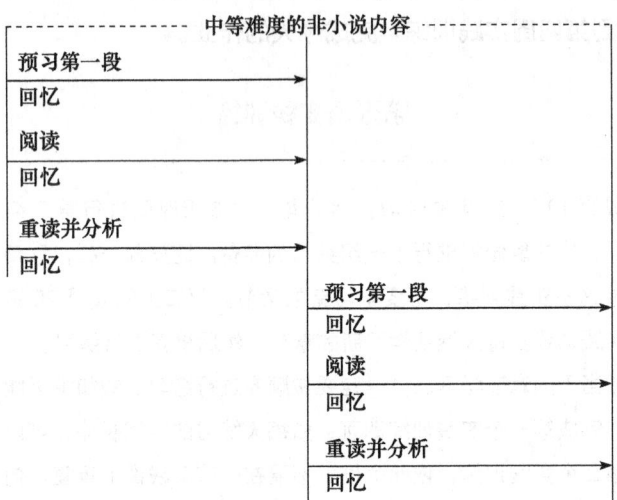

说明：

1. 选择一部分内容，从第一段开始。

用手引导阅读，预习第一段，以找出材料大意为目的。画出斜线回忆模式图，记下段落大意，不要回头翻阅读过的内容。

2. 采用你想用的任意手动法，以理解为目的认真阅读相同部分内容。添加新内容到回忆模式图上，不要回头看读过的内容。

3. 采用画线手动法重读相同部分，从第三句开始，找出后面的句子是指涉前面相邻的句子还是第一句或第二句话。

不需要制作段落回忆模式图（除非你自己想做）。

把记住的新内容添加到回忆模式图上，不要回头看读过的内容。

4. 在15分钟内，一段一段阅读尽可能多的段落。在进步文件中记下阅读的段落数量。

实践训练 14

材料：基本书目

目的：练习使用多种手动方法

预计用时：12 分钟

目标：在要求的时间内完成手动

本练习可以重复进行。

图示：

约12页内容的章节或部分	
刷页手动	3秒/页
在斜线回忆图示上回忆任何内容	
分段移动	12秒/页
回忆	
"Z"形手动	10秒/页
回忆	
交叉回交法	8秒/页
回忆	
计算并记录交叉回交速度	

说明：

1. 选择 12 页左右的一个章节或部分。

2. 使用刷页法阅读，每页用时不超过 3 或 4 秒钟（数数有助于保持速度）。绘制回忆模式，画斜线，回忆你记住的所有内容（内容可能很少）。

3. 使用分段法练习阅读整个部分，用时不超过每页 12 秒（每页 6 次完整的手动）。

阅读目的：尝试跟随故事主线。把记住的新内容添加到你的回忆模式图上。

4. 使用"Z"形法练习阅读整个部分，用时不超过每页 10 秒（每页 5 次完整的手动）。

把记住的新内容添加到你的回忆模式图上。

5. 计算你的阅读速度（整个步骤用时多少）。

使用交叉回交法重复阅读整个部分，用时不超过每页 8 秒（每页 4 次完整的手动）。

把记住的新内容添加到你的回忆模式图上。

6. 计算你在第 5 步的练习阅读速度（交叉回交法），算出整个阅读部分的总字数，然后除以采用交叉回交法阅读所用的时间。

备注：确保在第 5 步中练习阅读的速度每分钟超过 1800WPM。记录到进步文件中。

实践训练 15

材料：各类书目、纸张与铅笔、计时器

目的：培养阅读不同材料时使用速度技巧的信心

预计用时：15 分钟

目标：根据材料与目的调整技巧

本练习可以重复进行。

图示：

6~10页内容的章节或部分	
根据表格进行预习	
回忆	
练习阅读(分段、"Z"形或交叉回交法)	10-12秒/页
回忆	
阅读(手动方式可选)为自己计时	
回忆	
计算并记录交叉回交速度	
预习(分段、"Z"形或交叉回交法)	6秒/页
回忆	

说明：

1. 选择约 6～10 页的一个章节或部分，每天选用类型不同的书。小说、非小说以及传记交替使用。

2. 根据以下形式预习整个部分：①非小说，略读开头与结尾部分；②小说，扫读整个部分，采用刷页手动法；③传记，同小说。

阅读目的：①非小说，找出要点；②小说或③传记，找出人物、大概时间、地点或主要内容。

开始斜线回忆模式图。

3. 使用分段、"Z"形或交叉回交法，练习阅读整个部分，每页用时不超过 10 秒钟（每页约 5 次完整手动）。增加内容到回忆模式图上。

4. 采用任意手动方法（画下划线法也可以），以最快速度读完整个部分。计时。

阅读目的：找出故事主线或思路。

把记住的新内容添加到回忆模式图上。

5. 采用分段、"Z"形或交叉回交法回顾全部内容，每页用时不超过 10 秒钟（每页约 3 次完整手动；每页用时不到 2 秒时可以手动 3 次）。

把记住的新内容添加到回忆模式图上。

6. 计算你在第 4 步的阅读速度，算出整个部分的总字数，然后除以采用交叉回交法阅读所用的时间。把阅读速度记录到进步文件中。

实践训练 16

材料：各类型书籍、计时器
目的：根据目前的理解水平拓展你的速度
预计用时：10 分钟
目标：一分钟内做标记

阅读速度	采用的阅读量
不足 500WPM	1/3 页
500 ~ 800WPM	2/3 页
800 ~ 1200WPM	1 页
1200 ~ 1800WPM	2 页
超过 1800WPM	3 页

本练习可以重复进行。

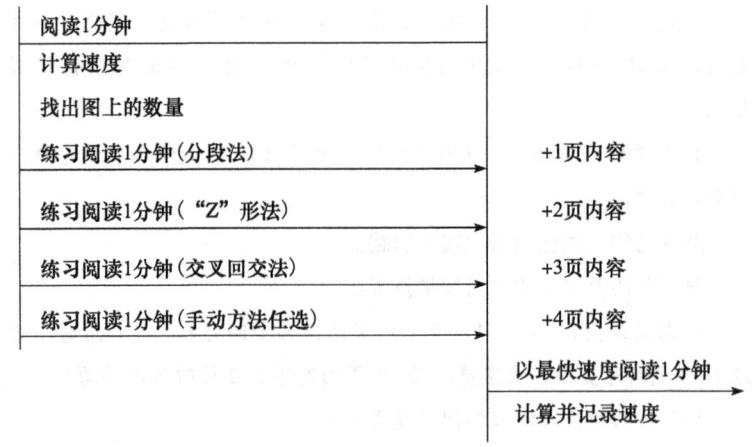

说明：

1. 选一本简单的书，以最快速度阅读 1 分钟。使用任何手动方法均可。在阅读结束位置做标记"X"。

2. 计算你的速度。

在上图中，找出你每次练习阅读时增加的页数。比如，假如你每分钟阅读的单词在 500 到 800 之间，每次练习增加的页数应为 1.5 页。

3. 采用分段法练习阅读，在 1 分钟内阅读完整个部分 +1 页内容。

4. 采用"Z"形法练习阅读，在 1 分钟内阅读完整个部分 +2 页内容。

5. 采用分段法练习阅读，在 1 分钟内阅读完整个部分 +3 页内容。

6. 采用任何手动方法练习阅读，在 1 分钟内阅读完整个部分 +4 页内容。

7. 从第一步结束阅读的标记"X"处开始，以最快速度往下阅读 1 分钟，采用你在实践训练中使用的手动法。

8. 算出你在最后部分阅读的单词总数以及你的最终阅读速度。记录到进步文件中。

实践训练 17

材料：第 1 章的基本书目、计时器
目的：练习以 4 倍的初始速度阅读
预计用时：15 分钟
目标：保持 4 倍的阅读速度，同时要对阅读材料有一定理解

本练习可以重复进行。

图示：

找出初始速度，去尾数到十分位。

设置 5 个部分，内容为初始阅读量的 8 倍。

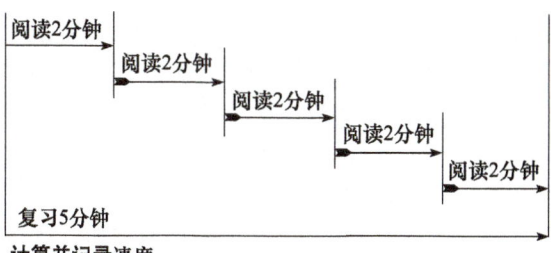

说明：

1. 从第 2 章中找出你的初始速度。去尾数到十分位，乘以 8。制订

5个大体同最终数量相当的部分。用纸条或纸带在每个部分结尾处做上标记,在页面上突出显示出来。

2. 利用手指控制速度,尝试在 2 分钟内阅读第一部分。可以使用任意手动方法。

阅读目的:找出故事主线,并做标记(不要求理解)。

3. 继续在 2 分钟或更短时间内阅读每个部分。

4. 在 5 分钟或更短时间内回顾整个材料。

5. 计算每个部分的阅读速度并记录到进步文件。

第25章
chapter25

像游戏一样学习阅读

了解了学习的基本法则后,学习阅读就会成为你的一项智力运动。我们都要接受12年的基础教育,然后继续进行4年的大学教育,有的甚至还会读研究生。这总让我受宠若惊。更难以想象的是,受了这么长时间的教育,学校很少教我们学习方法。在本章中,你将找到一些学习的基本法则。

有些法则会让你吃惊,但都会引起你的兴趣。你在阅读时一定能发现一些学习捷径。有些人从来都不知道他们一直在学习,不是只有在教室里才能学习。每次你遇到某个人并记住他的名字;你看了新闻然后告诉别人新闻的内容;你掌握了一种计算机程序,这些都是学习的例子。我们都是好的学习者,很容易就能专注于某些领域,比如最喜欢的运动、特别的兴趣爱好，甚至是智力游戏。本章的目的是让你找到在任何情况下都能成功学习的原因与方式，以便你能在其他情况下进行更高效的学习。

学习过程中发生了什么

我们要获取信息后才能学习，可以是我们看到、听到、触摸、闻到的任何信息。我们总是以某种方式接收信息，首先通过不同的感官刺激我们的神经系统。

在某种意义上，学习是一个处理各种不同刺激的过程。你不停地接收众多来自不同信号源的刺激。

你此刻感受到的事物有多少？触摸到的裤子、站在其上的地板（你通过自己的鞋和袜子能感受到）、握着的笔、胳膊就着的桌子、暖和或凉爽的空气等。同时你还听到了很多声音——外面的车流、呼吸、敲击键盘声、建筑的嘎吱声、打印机的声音以及隔壁微弱的说话声。每时每刻都会接收到众多的刺激信号，很难一一列举。

大脑不能同时处理接收到的全部信息

即便放松下来去感受听到、看到、尝到或闻到的所有刺激信号，你也无法同时进行处理。你会注意一小部分，而把大部分都忽略掉。事实上，我们根本不可能在同一时间处理全部信息。我们都会在潜意识中选择要了解的刺激信息。比如，你从火炉上端下来烫手的平底锅手柄，相信锅手柄不烫，你这时就会马上做出反应。事实上这就是在学习。

重要的是要认识到，你既不能全部也不能高效地吸收你接收到的信息。非正式学习状态下，你会不知不觉地选择接收的刺激信号，而对于正式的学习，你必须学会如何选择自己要学习的内容。

集中注意力是诀窍

一旦要将学习的事物单独隔离开，就必须全神贯注。全神贯注这个词经常用来提醒我们哪些事情没有做。事实上，除了睡觉或者处于半清醒状态，我们一直专注于某些事物。集中注意力指的就是参与进去。课堂上学生的不专注、做白日梦或看窗外则是真正的注意力不集中的表现，他们正忙着思考或注意教室外的事情。

有意识地关注某些事物就是要找到简单积极地投入方式。尝试使用你接收各种触觉、听觉、视觉或味觉刺激的渠道，在大多数情况下，视觉、触觉以及听觉刺激最客观。你必须做些什么以集中注意力。比如，如果你想专心画画，就应该看看使用多少种颜色（你可以自己决定），或者算算要画人群中的几个人。这样的行为能让你轻松地参与进去，这当然要比你看着画板眉头紧锁要好得多。

关注并学习言语信息时，必须学会积极主动，找到能让你专注的事物以学习使用该信息。

学习的两大法则

高效学习的两大法则：第一，必须设定目的，帮助你找出想学习的对象。你设定的目的越具体，就越容易学会。第二，知道如何融入要学习的对象当中。明确界定了要学习的内容后，完成先有鸡还是先有蛋的命题。

学习过程中最难的一点是确定目的，这涉及如何选出你想学习的东西。第 26 章将对此进行全面的讲述。理解了不能学习既有的全部内容时，你就知道必须做出选择，然后才能顺利地成为一名高效学习者。

提高注意力的方式

要深入到书面材料中去,首先不要让材料的难度把你吓到。学习30页左右有难度的章节时,先把它分割成几个可操作的部分,每个部分的大小取决于材料难度以及阅读目的。如果作者没有提供任何二级标题或其他简单工具,你可以随意把材料分成5个、6个或10个部分。阅读时可以按照逻辑对不同部分进行调整。

下一个重要的步骤是创造一些活动来使用信息,尝试把尽可能多的感官融入其中。这样的活动能吸引你的注意力。如果接收信息的感官参与到了某个具体对象上,你就很难把注意力分散到别的事物上去。阅读过程中你能看到并移动你的手,用手引导阅读绝对能在很大程度上帮助你集中注意力。有两种方式能让你把注意力集中到感兴趣的事物上。

测验你的学习方式

另一个活动是回忆,这肯定是学生最好的朋友。回忆是说明你学会了一些东西的唯一证据。回忆时,从书中获得信息,然后进入(或者至少是通过)你的大脑。像画线与抄写这样的学习过程仅仅是延迟学习过程。画线基本上是把信息留在书本上,而不看书本的回忆是让你用自己的语言进行回忆,从而让你高效地学习。这可能是了解你学会与否的最好方法。

积极地阅读

伟大的心理学家威廉·詹姆斯对记忆力进行了大量研究。他曾写道:"任何记忆力的改善都取决于一个人惯用的信息记录方法的改善。"这是个值得我们深思的重要论断。这暗示你应积极地阅读，一边阅读一边组织材料，尝试用所有方法来改善信息记录或接收。消极的阅读通常要求你重复学习，这往往并不可取。助你更高效学习的积极办法是以回忆与组织信息为目的的阅读。一旦你知道自己随后要对学习的内容进行回忆，就必然会尝试去记住更多的信息。

"好好利用"学到的信息

融入学习信息中的唯一办法是以某种方式使用信息。你的可选项并不多：从机械地重复到有意义的组织或整合。前者让学习非常乏味，而后者让学习十分有趣。

首先要做的是浏览整个材料，然而把材料分成几个部分。分成部分后，开始阅读并回忆每个部分的内容。为了让学习更高效，你应对材料进行组织：通过预习与回忆找出要点，然后开始阅读与回忆，并找出更多内容，最后可以通过回顾与回忆进行自测。你的阅读目的同样决定着你进行每一步的程度。你的目的也可能只是进行简单的预习，不是吗？

融入材料中的方法有两种，但一定要选择适量的内容供自己学习。下面的练习已经假定了明确的阅读目的，材料已经分成了不同部分。现在练习一下参与技巧吧。

练习 37

材料：纸和钢笔、铅笔或计算机上的 Word 处理程序

说明：阅读有难度的文章时，有时候必须一段一段进行学习。假定下面的段落对你来说难度很大。首先快速预习段落，找出基本大意；盖住读过的段落，绘制回忆模式，然后以理解为目的进行阅读；盖住读过的段落看自己能回忆多少内容。要是你觉得需要了解更多，或者记住的内容不够，重读前面的段落，并盖住读过的内容再次进行回忆。

1. 心理学（psychology）一词来源于两个希腊语词汇：psyche 和 logos。psyche 一词指的是"灵魂"，logos 则是"科学"的意思。在古希腊，心理学指的是有关精神或灵活词汇的集合。古希腊人偏爱将人的身体同精神或灵魂相分开。从古代的两元论中派生出了困扰科学的最麻烦命题：身体与精神。精神影响身体的行为还是身体影响心理行为？即便是到现在，心理学还没有完全解决这个二元命题。

2. 到了二十几岁，我们面临的难题是如何在成人世界中生存（自立）。在内心波动的青春期后期，我们关注的焦点是"我究竟是怎样的一个人"，以及"生活的真谛到底是什么"。此时我们几乎完全沉浸在有关外部生活的问题上："怎样才能使自己的抱负得以实现""最好从何处着手？""我们应该朝什么目标努力？""谁能帮我的忙？""别人是如何走过来的？"与前一阶段相比，这个阶段的时间更长，也更稳定一些。在这个阶段中，人们的任务既艰巨而又令人振奋：绘制一幅美妙的生活蓝图，这种美好的憧憬会使我们充满活力、激情和希望；为毕生的事业做好准备。如果可能的话，找一个良师益友。还要培养一种既不丧失自己固有的风格，又能做到善解人意的能力。最初的实验基地必须围绕自己设计的生活蓝图去建立。

3. 虽然对爱的渴求是人类最强大的动机之一，但人类还有另外一种情感，直到最近的暴力与敌对行为出现后才以清晰的面目被公众所关注。相比对爱的渴求，愤怒对人类的行为与身心健康的影响可能更大。

4. 在美国，卡尔·罗杰斯提出的个性与精神病理学的概念及疗法越来越多地被接受。从时间上来看，罗杰斯首先提出了治疗方法。很久之后，他才发展了对个性与精神病理学的全包括理论。罗杰斯认为人性本善。人在实现自己本性的过程中会自然而然地变得友善、友好、高效且富于爱心，除非偏离了正常的成长过程。

5. 射进眼睛的光线集中在视网膜上，并在视网膜上引发复杂的神经反应。光线首先穿过眼角膜，然后是眼房水、瞳孔、晶状体，在进入视网膜前到达前玻璃体。晶状体通过折射作用在视网膜上能形成清晰的物像。晶状体曲度增大以看清近处物体，曲度减小以看清远处的物体（6米或更远）。近视眼（myopia）也称短视眼，因为这种眼睛只能看近不能看远，原因是晶状体的曲度过大，远处物体反射来的光线不能落在视网膜上。近视通常不是晶状体有了问题，而是视网膜离晶状体太远，以至于远处物体反射来的光线通过晶状体折射后形成的物象会落在视网膜的前方，因而看不清远处的物体。

翻到第五周实践训练，完成今天的作业。

第26章
chapter26

带着明确的目的阅读

学到这里,我希望你不再认为自己应该认真地对待阅读材料中的每一个词。读书的原因有很多,但很少有人会根据不同的阅读目的改变阅读技巧。已经学的内容应该能让你理解这样做的原因。本章将教会你如何设定具体的目的,以便你对自己的阅读技巧进行规划并成为一名更高效的读者。

阅读目的差异甚大

学生可能是读书最严谨的一个群体,但其阅读目的也可能存在巨大的差异。老师布置给你的阅读内容可能是企业管理教材中约 20 页的一章内容;你可能还了解到本周末要进行有 20 个问题的章节测试。你也许还知道老师期望你能熟悉一下生词与概念，了解具体事例与讨论内容，甚至要能识记读过的内容。这可能是你当学生时或其他时候要认真完成的阅读任务。

你也可能参加了大学生研讨小组。这门理论课每学期给学生布置 15 本书，每周讨论一本。当然，导师不会像生物教授那样负责地阅读每个章节。这一次，你阅读是为了找出那本书的论点、论点如何阐述以及熟悉不同章节的主要观点，最终对材料进行良好的思辨性阅读。

读书的目的是消遣

你有可能为了消遣阅读推理小说或其他小说。你读书的目的肯定不是考试，而是要融入并欣赏书中的内容。你不需要记住任何不想记的内容。

你或许为了生意审核报告，阅读客户的长篇邮件，其中有些内容很重要，有些不太重要。你还会翻阅很多书本与杂志，为的是找些自己演讲或写论文可用的论据。这说明阅读的原因多种多样。正因为阅读的原因不同，你对不同材料的阅读方法也应该不同。

证券经纪人发现除了速读外还有方法

我在 DLJ（Donaldson, Lufkin and Jenrette）公司的一个班上培训了大约 30 名高管。约翰是其中一名受过良好教育的高管，下课后告诉我他非常欣赏学习的内容。在这样的小组课上，我教授了一门特殊的课程，不需要课外练习，原因是许多企业家与专业人士太忙了，无暇抽身进行练习。因此，我教给他们一套实用版快速阅读课程，让他们在工作中完成学习，目的是让他们的阅读速度提高一倍。

约翰在美国最顶尖的大学接受过良好的教育，事业很成功。但他感到学习确定阅读目的并认识到以不同方式阅读不同内容具有积极的革命性意义。上了几节课后，他的阅读速度就提高了一倍。此外，他还能通过认真确定自己的目的来节省同等数量的时间。这让他现在的阅读速度提高了4倍。

以聪明的方式快速阅读

尤为重要的是要知道，好的阅读不仅仅是要阅读得更快，而且要阅读得更有智慧，即知道什么时候加速、什么时候减速、读什么、不要读什么以及高效读者使用的其他好方法。

阅读时设定的目的越具体，阅读的效率就越高。有时候很简单：阅读推理小说纯粹是为了娱乐，因此，以最合适的方式在最短的时间内读完。有时候很难：老师可能会布置一项没有具体目的的阅读任务，这就需要你自己设定一个目的。

不能凭运气决定你的阅读目的

即便是没有限定目的，也别在刚开始阅读时就放弃，往下读就行。不久你就会发现，如果预先设定了目的，最终你就能达到目的。如果阅读得毫无章法，阅读最终将漫无目的。任何时候都要做决定，要么做出明智的选择或猜测，要么顺其自然。

阅读与学习的层次

下面介绍一种一般材料与课本的阅读方法，可能对你有帮助。提前或在阅读开始后尽早确定你想从书中获得的信息层次。

材料中的第一层次信息指的是作品的主题或主要内容。如果想获得的就是主题,只要认真进行总体预习就能做到。

信息的第二个层次是每个章节或单元的要点,第三层次是章节各部分的要点,以此类推。第五个层次是记忆,但很少需要做到这一点。医学专业大一的学生肯定在学习这一层次上花了大量的时间。学习目的太苛刻,阅读时就很难提高速度。然而,专注的学生通过学习速读技能及学习技巧,还是可以节省一半的学习时间。

◉ 阅读的信息层次

1. 主题或主要内容。
2. 每个章节的要点。
3. 章节各部分的要点。
4. 段落各部分的要点。
5. 每个段落的细节(记忆)。

关键是要认识到阅读时有效的信息层次是了解材料涉及的主题范围。换句话说,哪些书中有你要找的特定主题信息?你不可能学会读过的全部内容,也不该期望自己能做到。设定阅读目的的一部分是确定你期望从材料中学到些什么,或者仅仅是想找出文章大意。

学习时如何确定目的

让我们返回去看第 1 章中的第一个例子。老师让学生阅读企业管理课本中约 20 页的一章内容。这不是第一项作业,还有很多其他阅读任务。每周学生都会发现要进行有关本章阅读的一个 20 页的测试,他有很多选择。

应该先阅读章节末尾的总结、词汇或有关阅读的问题,作为阅读本章的指南。毕竟,这是作者在告诉你哪些内容重要。一些读者认为先看结尾有点作弊嫌疑，这是错误的。你的目的是学习，因此任何高效的方法都是对的。

没有章节总结或问题的话，就应该有其他的视角或观点。从老师的角度考虑测试：老师问的是哪类问题？细节、概念、问题解决办法还是词汇？要是让你来命题，你会怎么出？你可以每页找出1个好的问题（20页，20个问题，或者相应地进行调整）。每个章节可能包含5个部分，长度相当或不等，你可以尝试找出每个部分的主要观点或思想。这时你要决定阅读是要获取哪个层次的信息。

不确定的时候

可以的话，你应该同老师讨论一下老师期望你知道什么以及什么最重要——讲稿、课本等。当然，老师可能不会告诉你。这可能是你的第一个任务，有可能羞于启齿，那么你就要以合理的方法对阅读目的进行猜测。从要阅读部分的长度开始：你想让你的学生在规定的时间内从布置的阅读量中获得哪个层次的信息？记住，任何明智的办法都比顺其自然要好。这样你不仅能学得更好（成绩更高），需要的时间也更短。

要阅读的文章由长度相同的10个段落组成时，即便是问了老师，你也决定不了应该如何负责地阅读材料，还是得设定一个目的。如果你已经采用前面的方法阅读了一遍材料，读完后你能回忆起多少内容？5点、8点或10点内容？够吗？

提前决定记住多少才算足够：可能是每个段落两三个点，也可能是每两三个段落一个点。不管你做何决定，先根据预定的目的把材料分成几部分。比如，你认为应该每段记住两三个点，那么就一段一段地把文章分开。

觉得每两三个段落记住一个点就足够时，你就以每两三个段落为一部分分割材料。

提前画出回忆模式图

第一次学习该方法时,最好提前绘制回忆模式,把你要记住的信息一条条记在各个支线上。这将告诉你应该获得多少信息以及什么时候能获取足够的信息。

如何获得正确信息

一旦确定了阅读目的,你可能还需要知道如何找到想要的信息?你已经知道了这些技巧,应用到新的阅读目的中去即可。比如把阅读材料分成 5 个部分时,首先应该预习第一部分。停下来回忆要点,然后返回去认真阅读本部分,读完停下来回忆记住的内容。当你能够回忆本部分的要点与中心思想时,准备进入下一部分的学习。应反复阅读,直到达到阅读目的。你可能会为了找出一个具体项目或复习而重读,但应继续直到实现阅读目的为止:你能用自己的话复述你打算记住的全部信息。

如果你是参加大学生研讨小组的学生,那么目的就会不同。可能不再是进行测试或测验,而是对读过的书进行讨论。你可能被要求撰写一两篇论文。在这种情况下,你应该首先预习整本书,找出主题,然后停下来回忆内容。你的目的可能就是完成这一步。

实际上,认真预习 20 ~ 30 分钟就能达到目的,可能需要的时间更多。你可以继续预习每一章节,或者阅读第一章和最后几章内容,预习剩余部分。我不能为你提供阅读每一本书的万能公式,只能提供给你达到阅读目的并解决阅读问题的技巧。

最高效的学习方法都是对的

可能你觉得这不公平,或许你认为真的有必要阅读一本书,一整本书。让我告诉你我的一次经历。在我参加的最近一次大学生研讨会上，班上10名学生的任务是每周阅读一本书。我在研讨会开始前利用30分钟阅读了一本书。我认真地预习了一下，并制作了快速回忆模式图，然后走进了班级。我通常发现10名学生中只有一名"读"了书（非常用功的一名学生，阅读的时间很长，可能是15小时左右）。其他一部分人也打算读这本书，但只读了一两章。一部分人一点也没读，甚至从未尝试去读。结果往往是导师、那名用功的学生和我三个人在讨论。不幸的是，读了一两章（通常从前面逐字逐句地往下读）的学生对书的内容几乎没有什么印象，因此很难参与到讨论中。

如果你的阅读是出于商务、科研目的或为了自我提高，就必须调整阅读技巧以适应阅读目的。下面的练习能帮助你确定自己的阅读目的。

练习38

材料：纸、铅笔或钢笔（或者你自己个人计算机上的Word处理程序）

说明：在一张单页白纸上为每次阅读绘制回忆模式。首先阅读是什么样的问题或情况，然后查看阅读文章。依据以下两个条件来定：①如何划分文章，通过制作回忆模式图来完成，模式图上要有各个部分的主要支线；②你认为应该从每个部分记住哪些内容，然后在回忆模式图上画出小的二级支线。

问题A：你是医学专业大一学生。明天将接受一场有关该材料的测验。这是布置的整个材料，测验通常有5个问题。

晕厥外的偶发性乏力与昏眩的鉴别诊断

焦虑症与换气过度综合征。第14章、第19章及第344章中进行了详细的讨论。焦虑导致的眼花经常被解释为一种昏眩感，但实际没有丧失意识。这些症状不伴有面色苍白，通过休息也得不到缓解。诊断以相关的症状为基础。换气过度可以导致症状复发，涉及的两大发作机制是由于换气过度和肾上腺素的释放导致的二氧化碳减少。换气过度会导致低碳酸血、碱毒症、脑血管阻力增加、脑血流量减少。

低血糖。严重的低血糖通常是患有某些严重疾病的迹象，比如胰岛胰腺细胞肿瘤或晚期肾上腺、垂体或肝脏疾病。临床表现为意识模糊，甚至是意识丧失。通常的轻微低血糖属于常见类型（见第97章），发生在饭后2～5个小时，一般不会发生意识障碍。诊断取决于以往病史、发作时血糖降低的记录，以及通过注射胰岛素让同自发发作症状复杂程度类似的症状复发。

急性出血。急性出血通常发生在胃肠道内，偶尔会引起晕厥。没有疼痛和吐血的症状时，虚弱、昏眩，甚至是意识丧失的原因直到排出黑色大便才能搞清。

大脑缺血性发作。动脉硬化性狭窄或大脑主动脉闭塞的患者容易出现大脑缺血性发作。主症状因病人而异，包括视力模糊、轻度偏瘫、一侧身体麻木、头晕、声音嘶哑，以及增强意识障碍的症状。所有病人的发病症状相同，发病意味着因血液循环不足，导致了大脑某一区域功能的暂时性缺失。

歇斯底里式昏厥。歇斯底里式昏厥发生得很频繁，通常发生在戏剧性的情境下（第344章）。发作时没有任何外在的焦虑征兆。发作时脉搏和血压或皮肤和黏膜颜色无明显变化，这一点能将其同血管减压式晕厥相区分。诊断是基于病人发作时出现的奇怪的歇斯底里式的性格和行为特征[⊖]。

[⊖] From Harrison's *Principles of Internal Medicine*, Revised Eighth Edition, by Wintrobe et al. Used with permission of McGraw-Hill Book Company.

练习 38 续

问题 B：你正在学习护士课程。安排你阅读上面的材料。明天你将参加有关材料的测验，这只是布置给你阅读的其中一篇材料，测验通常包括 5 道题。

问题 C：你是一名到纽约游玩的生活达人。你要带一名重要的客人共进晚餐。你想找一家好的餐馆，找到一份餐馆指南。下面的文章是对其中一家餐馆的评价。

Il Monello 有资格荣登米其林指南

最近在上东区中心 Il Monello 吃的一顿午餐让我想起了安静的午后在意大利享受的很多美餐。从白色亚麻布到开朗的意大利员工，你都能感受到自己选对了地方。事实上，餐厅布置有红色客座、暖色镶板墙壁以及烘托气氛的酒瓶。这都让它比在意大利的许多餐馆更具吸引力。

在 Il Monello 餐厅，你通过仔细挑选能享受到纽约市最好的意大利美食。菜单上的美食不仅种类繁多，而且物美价廉。

Il Monello 提供各种各样的意大利面食，我们先从招牌菜 Fettucini Monello 开始筛选。我确信这道菜跟著名的 Fettucini Alfredo 很像，但多了绿色面条与传统的白色面条。我最近在这道菜的故乡罗马 Alfredo 吃了一次，Il Monello 的调味汁味道很好。厨师明显认识到这一点，使用其他东西盖住了柔软的鸡蛋面条。

用相同的模式还选出了一些其他有新花样的意大利面食。虽然配了很多酱汁，但都不是纯酱汁。培根奶油意大利面是罗马非常出名的一道菜，其奶油里有很好的酱汁，但里面的番茄是干什么用的？那可口的意大利培根的辛辣味哪去了？我伤心地告诉你，Il Monello 的香草酱让人特别失望。

香草酱可能是意大利最好的调味料，能让地中海风味锦上添花。主要的原料是罗勒。这道菜通常先上两满杯罗勒叶，供 4 个人用。

Il Monello 的香草酱是一种美味的欧芹与蒜头酱汁，但如果里面有罗勒的话一般也都是几片枯萎的罗勒叶。

令人高兴的是，主菜更好吃。小牛肉非常不错，肉质酱汁都好，烹饪得恰到好处。鸡肉吃起来也非常可口。你可以根据自己喜欢的酱汁简单地选择任意的牛肉或鸡肉。唯一要避免的是包含洋蓟的食物，它们一般是腌制灌装产品。Special Mention 一定是用周五的可口炖鱼做的。虽然跟我在利沃诺吃的不完全类似（不是同一种鱼），但味道已经很好了。

单独选的唯一一道蔬菜是油煎青瓜，这是意大利人制作的最可口的蔬菜代表。芝麻菜沙拉非常新鲜，但搅拌的绿色沙拉里面有一种酱汁跟法式生菜调味酱尝起来差不多，最后加糖。

甜点也还可以。一份不错的巧克力奶油派、圣多诺黑油酥点心、意大利版的英式小甜点，加有朗姆酒。但是，我会像意大利人那样吃新鲜水果与奶酪，除非没有奶酪。同时还上了浓咖啡，有点美国化的意思。可在意大利，这代表你感觉不是非常好！

如果米其林人要制作一份关于纽约餐馆的指南，我会推荐 Il Monello 上榜并候选 1 星餐馆，尽管意大利面有待改进。据称，《纽约时报》现在的评论员都参与餐馆星级的评级，慷慨地给 Il Monello 评级为 3 星。我对他们意大利面的不同之处很感兴趣，它们的服务虽然很友好，但允许服务员叠盘子，还在桌子边收拾残羹剩饭。我还是会推荐它。我期待自己下次再来，只为享用这里的炖鱼。

你对上面练习的正确答案好奇吗？答案无所谓正不正确，有所谓的是做出对的选择。我的选择如下。

（1）我会把 5 个段落分成 5 个部分，创建带有 5 个支线的回忆模式图。由于材料难度很大且测验很详细，我会尝试每个部分记住三点内容：主题思想以及至少两点细节（见图 26-1）。

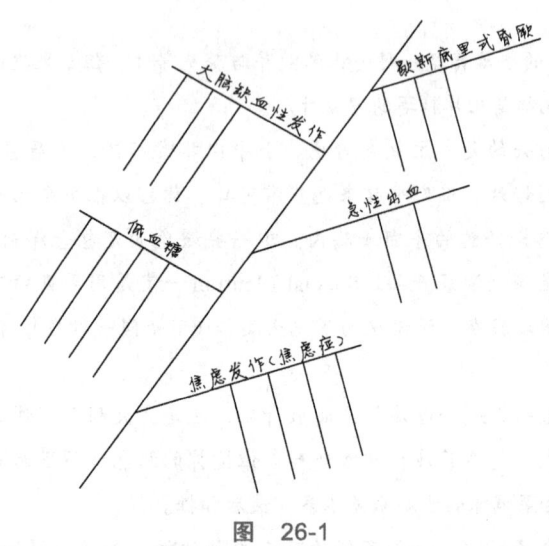

图 26-1

（2）带着阅读目的，我会阅读整篇文章并把它当成一个整体而不是5个部分来学习。我会尝试记住每个部分的要点。加上布置的其他4篇文章，应该足够了（见图 26-2）。

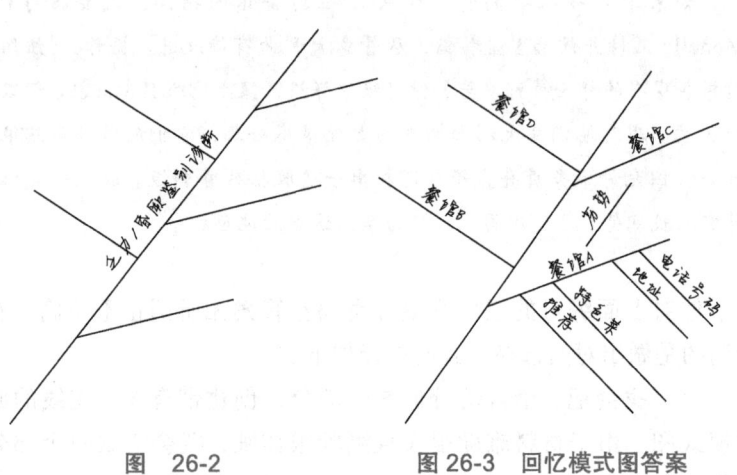

图 26-2　　　　　图 26-3　回忆模式图答案

（3）目的是找出这家餐馆是不是"候选"的星级餐馆。画出一个简单的回忆模式图，每个支线代表读到的一家餐馆（仅提供了一家餐馆），可能是 1 ~ 3 点内容：是或否（如果可接受的话）。回答"是"时，可能有一些值得注意的特征或建议。通过简单认真的预习就能获取这些信息（见图 26-3）。

翻到第五周实践训练，完成今天的作业。

第27章
chapter27

制订阅读计划，让你的学习更高效

经过编排的材料似乎能让学生的学习效率更高，而对材料进行编排的秘诀很简单。海量的材料被分割成诸多小的部分，然后你一步步反复使用单个信息。这在概念上违反了诸多学习规则。实际上，良好的学习技巧就是为你的学习做计划而已。

花更少的时间学更多的东西

开始具体学习方案之前，让我们先了解另一个规则，那就是"回忆"。回忆指的是大脑在潜意识里对信息进行处理。适当使用的话，你的大脑甚至能解决问题。向大脑反馈信息，给大脑留点时间处理，大脑就会像计算机那样处理并对信息做出反应。举一个例子：你曾经尝试回忆一个名字,但想不起来,于是向大脑反馈了这个问题。你肯定经历过这样的情况。一段时间以后,可能是 30 分钟或一个小时,你不经意间突然想起来了。你的大脑在潜意识里解决了问题。回忆就是这样发挥作用的。

时间是让你想起来的一个重要因素。你需要时间学习大部分的学科。涉及的事实越多,比如要记单词,需要的时间就越长。更多概念类型的材料适合长期的强化学习,但如果能分成几天每天学习一部分的话,你学得就更快。证据表明,死记硬背 8 个小时通常不如间隔学习 4 个小时,比如每天学习半个小时,学习 8 天时间。原因是,大脑在你学习间隔期能够自动复习学到的信息。因此,虽然学习技巧能帮助你学习得更高效,但提前规划每天(通常花费的时间也少)学习一点点,通常能让你在学习上占据上风。

最高效的阅读

多项研究反复表明,阅读之后进行回忆将大大提高阅读效率,比如写出或说出读到的内容。在一项研究中,研究对象被随机分成了两组,要求他们在相同时间内阅读相同的文章。其中一组把时间全部用在阅读上,另外一组一半时间用来阅读,另一半用来回忆。测评完发现,把相等时间花在阅读与回忆上的研究对象测评表现更好。

这让学生面临一个有趣的悖论。如果你阅读的时间只有 20 分钟,可能认为这 20 分钟只够阅读,没有多余的时间进行回忆。但学习本课程的经历会让你知道,回忆比阅读需要的时间更长。

然而,20 分钟时间都花在阅读上后,你记住的内容却没有在阅读与回忆上各花 10 分钟记住的内容多,哪怕是没有把全部内容读完或者没有认真读完。聪明的学生都能理解这一点,认识到这一点非常重要。因此，我建议你重读这篇文章，然后进行回忆。

学习计划

最高效的计划是把时间平均分配给阅读与回忆。在一段时间内每天平均学习 1 ～ 2 个小时。按照下列步骤学习你自己的材料。

1. 了解总的阅读目的或者尝试确定阅读目的。阅读是为了得到中心思想还是为了得到更多细节内容？

2. 检查要阅读的材料，找出结构要素，比如大写标题、段落间的较大间距、信号词（第一、第二等）、简介、总结、材料结尾的问题。进行这一步时，决定如何对材料进行分割。一段一段读、一页一页读还是整个章节或部分（阅读目的允许的话）？对阅读进行"计划"可能是最重要的一步。回顾一下第 26 章的"阅读的信息层次"，以帮助你确定目的。

3. 画出回忆模式图。回忆模式图应反映作者的组织结构，比如，主要支线代表材料的主要部分，然后添加支线，让你知道自己想从每个段落或小节回忆起多少内容。

4. 然后一部分一部分地阅读（每个部分作为一个整体来处理，然后进入下一部分）。步骤如下：

（1）预习该部分并找出材料主旨。用自己的话回忆记住的信息，不要回头翻看材料。

（2）仔细阅读本部分，充分理解材料。尝试记住尽可能多的信息。记住的信息够吗？表示你记住了足够信息的回忆模式图上的支线写满了吗？如果没有，重新阅读该部分并再次进行回忆，直到达到你的目的。

5. 回顾整个部分。尝试把材料作为一个整体来看，把你学习的所有大小部分拼凑成一个整体。

阅读不是为了记住

第一次学习时,许多学生都会遇到以下问题:总是为了理解而学习阅读。绝不要为了记住什么而阅读!这样做你会遇到一件奇怪的事,即为了理解而阅读时,你记不住那么多想记住的内容。这有点像猴子掰玉米,掰得越多掉得也越多。为了理解而阅读时,你会发现材料的组织结构以及各部分的关联性。这样的话,你就能学会并记住更多的内容。

下面的练习能让你把学到的技巧应用到一篇非常简单的文章中,文章选自一本五年级课本。我希望你能从这一难度开始,以便完全理解这些技巧,然后应用到你自己的阅读中。

练习39

材料:纸与钢笔、铅笔,或计算机上的 Word 处理程序

1. 作为一名 5 年级学生,老师让你阅读自然科学课本的一章内容,题目是"空气"。读完的第二天进行测验,测验由 5 道问答题组成。你的目的是学习阅读本章,能通过测验即可。

2. 检查要阅读的材料。根据阅读目的分割材料。

3. 画出回忆模式图。每个支线代表作者写的每一部分内容。此外,画出更多的支线表示你决定记住每个部分多少内容,以达到阅读目的。

4. 一部分一部分地阅读。首先预习,然后用你自己的话进行回忆,再重读,然后用自己的话回忆,直到你填完回忆模式图上所有提前画出的支线。

5. 完成整个部分后,快速回顾。

备注:保留该回忆模式,供练习 40 使用。

画好回忆模式图后,看看你通过预习,即回忆和每个部分的阅读回忆多久能填完。这就是学习改变智力运动的开端。最难的地方是界

定你的目的并对材料进行分割。学习继而就成了你越来越擅长的技能之一。

空 气

你能看到空气吗

你对自己存在其中的空气了解多少？你呼吸空气吗？你能看穿它吗？空气移动时你能感觉到吗？答案是肯定的，但很难画出你看不到的东西。对看不到摸不着的东西，你很难相信它真的存在。有办法证明空气是真实存在的吗？

空气占空间吗

可以试一试将玻璃杯倒放着垂直压进水里，你会发现有什么东西挡着水进入玻璃杯里。不是吗？你认为玻璃杯是空的。杯子里没有装喝的东西，但它是满的，里面充满了空气。只有真实的东西才能占据空间。空气和水不能同时进入一个相同的玻璃杯，就好比你和你的朋友不能同时穿上一件衣服。除非你把杯子往一边倾斜，放出一部分空气，否则水就进不去。

空气真实存在吗

下一步尝试给气球充气。捏气球时，你是否感到里面有东西？充进气球的唯一物质就是空气。你感觉到的东西就是空气。空气是真实的。

你能挤压空气吗

你每次用气筒给篮球充气时都是在挤压空气。如果用手指堵住气筒的出口，你就很难推动气筒的手柄，但多少还能推得动。

空气重吗

空气有多重？这取决于你什么时候以及在什么地方测量空气。

你卧室的空气可能跟你一样重。现在你的头顶跟肩上数百公里的高处就有一股空气。空气重量数百千克。你是如何支撑这一重量的？如果体内的空气没有在相反方向推动身体的话，你根本不能承受这么

> 大的重量。下面的试验能对此进行解释。
>
> **空气在所有方向都有压力吗**
>
> 让一个人双手拿起一张薄纸，用你的手指戳纸的一面，你能戳出一个窟窿。再拿一张纸，这次双手都用一根手指分别从纸的两面压同一点。这样纸就不会被戳穿了，因为纸两面的压力相同。因此，你身体里的气压同你头上和肩上的气压相同。
>
> **你能挤压水吗**
>
> 你头上的气压就好比深海潜水员头上的水压，一个重要的区别是你不能挤压水。[⊖]

你觉得如何？学习阅读目的设定的方式是首先找出本章有 7 个部分。知道自己要完成一项由 7 个问题组成的测验后，我就知道至少有一个问题是出自其中 5 个部分，这意味着我应该至少了解每个部分的要点。为了安全起见，我会保证自己知道每个部分中的两个信息点。但由于一些部分很短，我会进行调整并从较长的部分中找出 3 个信息点，从短的部分找出一个信息点。因此，我建议的回忆模式如图 27-1 所示。最后一步是通过预习回忆、再阅读再回忆，一部分一部分填完。

你会发现 B.E.M 的规则有所帮助。B.E.M 的规则是，我们倾向于把材料的开头（beginning）记得最深刻，然后是结尾（end），而中间（middle）部分通常不太深刻。了解这一点后，要保证对中间部分给予足够的关注，额外花点时间进行阅读回忆。

这一方法适用于你想知道的一些东西。如果阅读一章内容是为了找出一两个信息点，那么好好预习一下就能找到。如果纯粹为了消遣阅读杂志，这时你会偶然发现自己想记住的内容。但是，

⊖ From *The How and Why Wonder Book of Weather* by George Bonsall. Used by permission of Grosset & Dunlap, Inc.

如果回忆不起什么内容，那么用不了多久你就全都忘了。

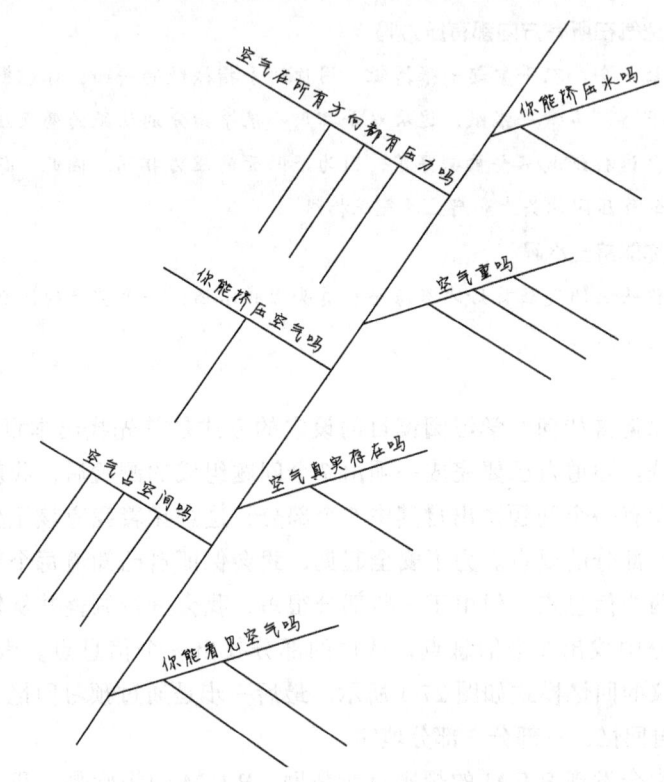

图 27-1 《空气》一文回忆模式图

第28章 chapter28

创造视觉图形助你记忆

如果你想长时间记住信息，阅读-学习-记忆中还涉及另一个步骤。到目前为止，我们对负责任的阅读的关注就是要学习阅读到的信息。本章将讨论通过新的回忆模式长时间记住信息。

你一直在为某一目的学习一种回忆模式图，斜线回忆图就是为了对所读信息进行即时反馈或重复。这是你从书中学有所获的最关键的一步。每次阅读材料时，正如你在本书许多实践训练中所做的，你会绘制回忆模式图，从而提高阅读效率。你记住更多内容并尝试保留记忆的可能性极大。

我总是认为，如果学生从本课程中学不到更多东西，那么就得学好用手指控制节奏以及在想学的时候学习如何绘制回忆模式。这值得你花钱花时间练习。这两项技能肯定能让你的阅读速度比初始速度快一倍，并在你需要时把效率也提高一倍。

回忆模式图与大纲的价值

视觉回忆模式图对你记住信息非常有帮助，因为它会在你记忆中的言语信息外为你提供视觉信息。视觉回忆模式图将为你描绘出材料的组织结构以及言语信息的关联，是一种视觉化手段。除此之外，它还是一种更高效的信息记录方法。视觉模式的这种明显优势大纲就不具备。

你可能会把回忆模式图弄得一团糟。本来就是这样，毕竟你是在练习想记住的信息。因此，信息记录得可能比较杂乱。这当然与其在提高阅读效率上的重大作用不符。

第二步

想长时间记住信息，首先得完成第一步的阅读与练习，然后才能做好进入下一步学习的准备。第二步是对你的回忆模式进行组织，不要回头参考读过的材料。鉴于你的目的是长时间记住信息，记信息的方式就应尽可能新颖。第一步是要使用不同的回忆模式（尝试不要用作者的组织模式）。

很容易证明，你处理信息的方式越新颖，学会的速度就越快，记住的时间也越长。你应该尝试整理一下你杂乱的回忆模式：①把看起来不必要的内容删除；②把从书中得到的信息重新进行关联；③尝试以新的模式用自己独创的方式组织信息。

回忆模式可以不同

除了斜线回忆模式外，还有几个其他常用的模式。

环形模式对于有些信息来说非常有用，比如小说。图 28-1 给出了两种不同的方法。

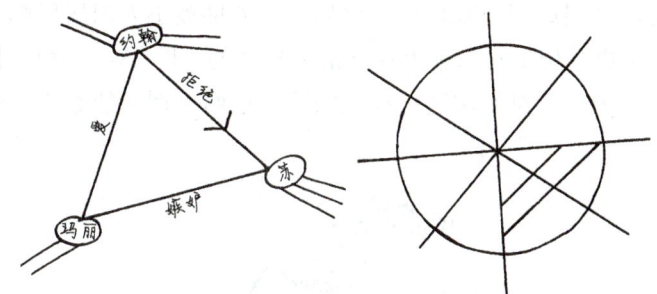

图 28-1　环形回忆模式的两个例子

第一种模式中的人物通过连接线相互关联起来，这一模式最适合小说。相关信息将被添加到从关联人物分出的支线上。第二个模式形似太阳或靶子，甚至可以说像馅饼，这种模式更适合非小说读物。

你可能对线性模式已经非常熟悉，流程图是一个例子。有时候英语课上还用金字塔形来揭示段落结构，这更适用于以逻辑形式组织观点的科学类材料以及商务或专业材料。图 28-2 给出了两个例子。

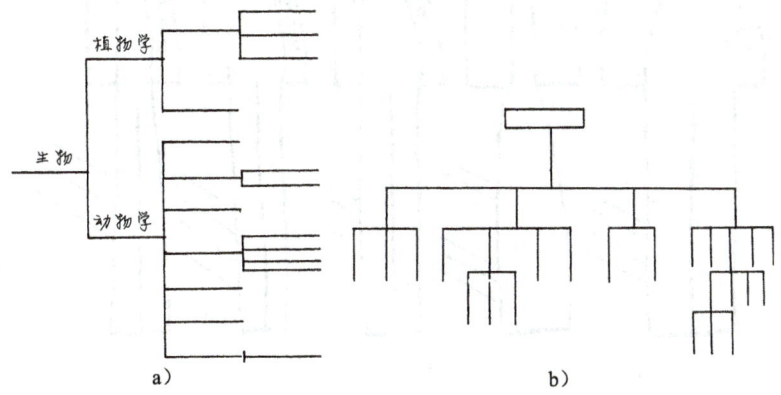

图　28-2

有些人喜欢使用画画模式，这实际上同信息的一些相关方面形似。我见过学生通过画不同的画来回忆经典的《格列佛游记》，当然是用单词或短语来描述。比如，格列佛被小人国居民绑到了桥上，桥也是用工程课本上的词汇来描述的。图 28-3 是两个极为常见的例子。愿意使用这一模式的话，这两个例子能给你提供良好的示范。

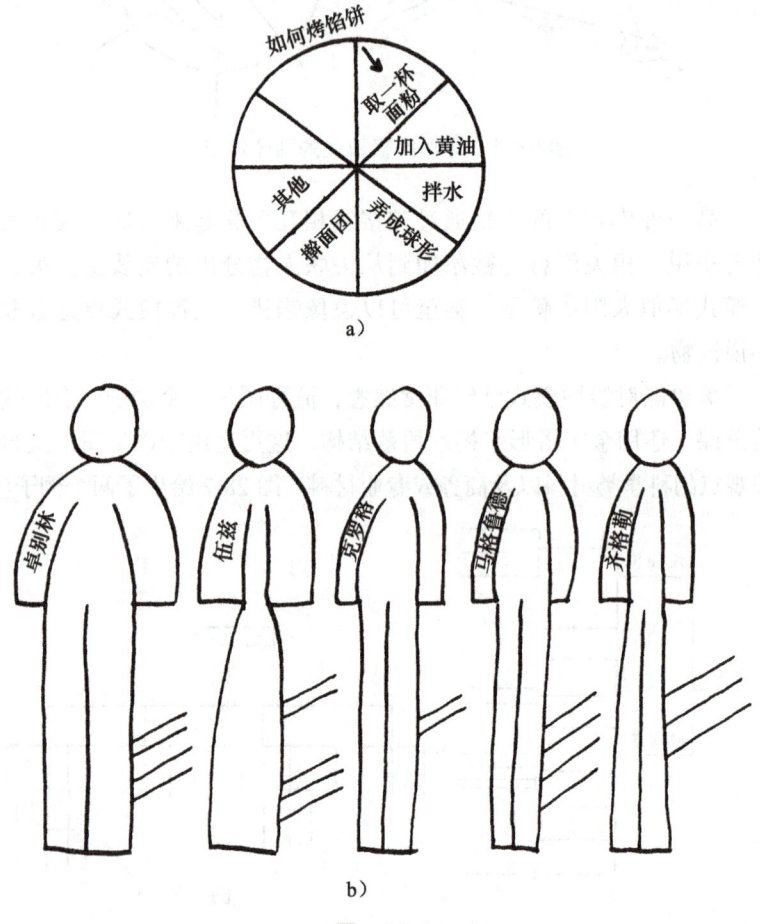

图　28-3

最后一种模式是你自行设计的随机模式，但却是最好的模式。因为你的模式创造性越高，记住相关信息的可能性就越高。

通常，回忆模式的发展要经历两个阶段。第一个阶段可以使用线性模式，如可能，可以使用作者的组织方式。阅读下面文章。

滑雪：适合每个人的运动

每个人都能从滑雪中找到乐趣。大部分人认为滑雪指的就是高山滑雪，其然不然，滑雪还有一种完全不同的形式，即越野滑雪。两种滑雪形式都能锻炼身体，并刺激体验。即便是那些认为自己没有运动细胞的人也能学会并喜欢上滑雪。

高山滑雪

高山滑雪就是大部分人所认识的滑雪，脚上连着滑雪板从山上滑下。如你愿意花点时间学习的话，这将是一项非常刺激的体验。大多数人学习几天，滑雪就能达到相当快的速度，而且可以在不同地形上享受滑雪的刺激。不同的雪提供不同的体验。

越野滑雪

越野滑雪最近才成为一种时尚运动。虽然你同样是靠滑雪板在雪上推动滑行，但目的主要不是向山下滑行，更多的是一种穿过不同的平坦地势的旅行。你可以尽情地享受乡间小径。你还可以接受简单的指导，时间可能是半个小时不到。你基本上是在走路。任何喜欢户外运动的人都应该享受一种形式的滑雪运动。两种滑雪都能让不同年龄段的人获得享受。事实上，一大家子人都能一起享受滑雪。你在70岁时可能不想再进行高山滑雪了，但仍然可以学习并享受越野滑雪。滑雪确实是一种适合每个人的运动。

尝试使用作者的组织形式，可能画出的回忆模式图，如图28-4所示。

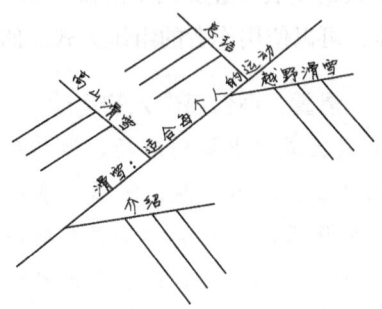

图28-4 滑雪之斜线回忆模式图

有了这个模式图，你就可以开始预习并回忆，然后再阅读再回忆。这就像是个工作表，让你通过阅读并以书面回忆为反馈来学习信息。

到第二个阶段后，你可以往下进行并创建自己的回忆模式，可能完全不同但创造性更高。图28-5给出了相同信息重组后的随机模式。

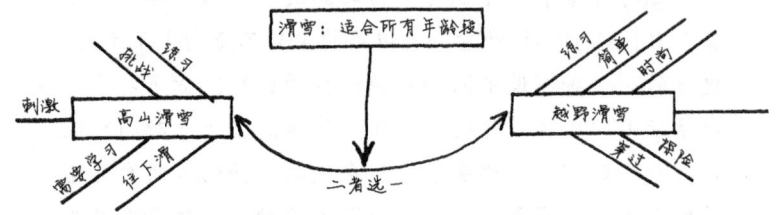

图28-5 滑雪之随机回忆模式图

这不一定就是正确的方式，毕竟本来就无所谓对错。适合你的方法就是最好的方法。以自己的方式组织，你的记忆时间就会长得多。

> **练习 40**
>
> 材料：铅笔和纸
>
> 练习 39 中你的回忆模式图
>
> 1. 根据你的回忆模式（不要回头翻看材料）重组新的回忆模式：①把记录的信息加到新的模式图中，而不是放到线性模式图中；②尝试对信息进行不同的或新的关联；③放弃所有不重要的信息，包括对信息记忆无用的多余词汇。
>
> 2. 完成新的回忆模式图后，拿一张新纸，不要回头翻看前面的两个模式图，尝试绘制新的模式图。先回忆再画线，然后填上尽可能多的言语信息。
>
> 3. 完成后，把新的模式图同你尝试重新绘制的模式图进行对比，看你能记住多少信息。

上面的练习对学生来说非常重要。原因有两点：第一，学生会对自己能记住这么多信息感到惊讶（通常 100%）；第二，信息的学习真是太简单了，而且很有趣。

如果你想不起来回忆模式图，原因也很简单：你在重组第一个模式图时做得不够创新。要确保画出代表所有信息片段的线条，因为线条能构建出视觉图形。一定要尝试重组材料，有可能的话，画出它们之间的关联性。即便未能成功找出新的组织形式，你所做的尝试也能加深记忆。

在第 29 章中，我们将介绍更多提高阅读记忆效率以及新回忆模式的重组方式。但在这里，先要完成大量的实践训练。

翻到第五周实践训练，完成今天的作业。

第29章 chapter29

使用经过验证的技巧，记住更多阅读信息

大部分人记不住一些事情，因为他们在关键时刻不能决定要记住的信息。关键时刻指的是你第一次看到该信息的时候。大部分人决定想记住某些信息的时刻，其实就是他们认识到自己想不起来的时候。

最简单的例子就是记名字，这是许多人记不清楚的信息。许多人在试着回忆某个人的名字时才决定要记住此人的名字。做决定的时刻是介绍的时候。建议你马上重复几遍这个人的名字，然后在同此人对话时至少大声说出来一次。哪怕只是简单说一句"Lenore，跟你说话真高兴"或者"Zeitgeist 先生，你的名字怎么拼写"。

该原则同样适用于记忆你阅读的材料。为了让记忆阅读材料的效率更高,你在阅读之前必须做出要记住哪些信息的决定。这意味着你可以自己选择。但阅读之前就决定要记住整本书的内容就显得有点愚蠢,我确信连记忆天才也记不住整本书的内容,一般人又何必自寻烦恼呢?

改善记忆力的三个步骤

改善回忆能力或记忆力有三步。第一步是学会做出记住一些东西的决定,然后选择自己想要记住的内容。当然,要同你的阅读目的一致。

创造性地组织材料

知道自己要记住的内容后,第二步是要创造性地对材料进行组织。在图书馆或在自己的大脑中寻找信息更容易,不管信息是否组织有序、是否归档等。

组织信息前首先要知道信息的大概内容,这将确定材料的中心或主题,或者你存放在文档系统什么位置。

其次,如果记忆的信息量大,关键是认真阅读。比如,要记住大量同类单词很不容易,一般四五个就不少了。当遇到 11 个同类单词或信息时,要想办法进行分类。总有分类的方法,哪怕是按照字母或数字顺序排列。

购物单就是一个极好的例子。要记住 19 个单词或更多相当困难。

金枪鱼罐头	西兰花	火腿
牛奶	牛排	肥皂
豌豆	保鲜膜	玻璃清洁剂

汉堡	巧克力冰激凌	鸡蛋
黄油	清洁剂	橘汁
四季豆	鱼柳	培根
鸡肉		

但是，要是能分门别类的话，记起来就没那么困难了。

奶制品	蔬菜	鱼类
牛奶	豌豆	金枪鱼罐头
黄油	四季豆	鱼柳
鸡蛋	西兰花	
冷冻品	**其他**	**肉**
橘汁	保鲜膜	汉堡
巧克力冰激凌	清洁剂	牛排
	肥皂	火腿
	玻璃清洁剂	培根
		鸡肉

这当然不是唯一的归类方法。冰淇淋可以归为奶制品，牛奶和橘汁也可以归为饮料。但重要的是一大串词被归类、分割成便于管理的部分。想记住阅读的信息时，你应该先选自己要记的内容，然后进行组织。

选择严肃的阅读过程时，这明显能帮助你进行组织：预习有助于你了解大概内容与部分要点，阅读能帮助你获得更多信息，而回顾能帮助你进行检查。

大幅度关联信息

记忆的第三步是学习关联信息的方法，或者把新学的信息同已有的知识相关联。把要学的信息同你已经知道及对你重要的东西关联得越紧密，就越容易记忆。因此，这一步最重要。

这方面的典型例子就是问某个人在某个日子做了些什么，比如 1996 年 3 月 11 日。如果这一天不是他的生日或其他特殊的日子，那么他大概应该没有什么清晰的印象。如果你问历史上发生悲剧事件的日子他们在做些什么，比如肯尼迪总统遇刺的日子，他们可能会想起不少事情。把得到的信息进行有意义的关联，将大大有助于你的记忆。事实上，信息关联程度越高，就越容易被记住。

比较与对比

关联信息首先要同已有的信息进行比较，以某种方式或者说尝试同已有经验相联系。如果你想记住一个名字，除了重复记忆以及以某种方式说出来之外，还要作比较。问问自己"詹妮·多伊"这个名字是否会让你想起已经认识的"詹妮斯"。可能你从来都不认识另一个叫"詹妮"的人，但"詹妮"这个名字有没有让你想起别的什么人？是不是跟你妹妹一样瘦得皮包骨？跟你阿姨穿同样颜色的衣服？跟你叔叔哈利一样都是圆脑袋？总而言之，你可以通过比较与对比找到某些关联之处。

更多记录诀窍

你还记得我曾经引用过的伟大的心理学家威廉·詹姆斯的话吗？威廉·詹姆斯说记忆力的改善在于改进你记录信息（收到信息的暗示）的方式。这当然会影响你的阅读学习技巧，但当你把要学习的信息隔离开，把信息记到回忆模式图上并且准备对信息进行重组时，信息记录的诀窍将非常有用。

要记住奇数数量的信息肯定更容易些，因此对信息分类时，建议把信息分割成奇数组,但前提是这一分类既可行又合理,比如 3 组或 5 组。另外,每一类信息项的数量不要超过 7 项,超过了很难记,5 项最好。因此,总的规则是:清单里的数目超过 5 项时,再以某种方式进行分类。

举例子对记忆很有帮助,而且一秒钟时间就能让它成为你的组织技巧。例如,假如你的回忆模式图上的支线包括"做某些事的方法",一定要计算一下有多少种方法,然后添加到标题上。回忆时,你很容易就能想起有多少种方法,这时至少有一个关联信息能对你的记忆有所帮助。

助忆手段非常有帮助,组织有序的回忆模式图就是其中一例。助忆手段属于一套帮助记忆的体系,与要记忆的信息很少或者没有关联。比如,"9 月、4 月、6 月与 11 月都有 30 天,其他月份 31 天"就是一个很好的例子。这一节奏能帮助我们记住信息,但它本身与要记的内容毫无关系。

助忆手段通常是所有良好记忆体系的来源。回忆模式图的价值就是源于以下事实:创造性的模式图是一种助忆手段。而没有条理的、杂乱的流于空想的模式图,作用会大大缩水。关键是要记住,最好的手段是你自己创造出的方法。组织与整合信息时的独创性能让你的记忆更高效,比任何其他方法都好。

让你尝试重组回忆模式图的主要原因是让你能更有创造性地处理信息。举个例子:尝试在你自己的计算机上重组信函归档系统。提供给自己一个归档系统,里面有包含每个收件人的文件,例如,布朗先生的文件、克拉克女士的文件、戴维斯女士的文件等。你可以按照写作日期把这些信息重新归类,即 3 月 28 日的文件、3 月 29 日的文件,等等。

头脑中想着这些组织方法,完成下面的练习并进行完整的学习过程,特别要关注回忆模式图的重组。记住,组织得越巧妙,记住就越容易。

练习41

材料：纸和铅笔

阶段1

1. 作为一名大学医学课程的新生，老师布置你阅读一篇标题为《体温》的文章的一部分（节选部分如下）。读完的第二天，要进行一项包括5个问答的测验。你的目的是学习阅读本章内容，通过测验。

2. 检查要阅读的材料，决定根据你的阅读目的分割材料。参考第26章的"阅读的信息层次"，决定你能回想起每个部分或段落的多少信息，即哪个层次的信息，完成你的阅读目的。

3. 创建回忆模式图。每个支线代表你要处理的部分，即每个黑体标题、每个段落或者根据你分割的部分来定。此外，画出更多的支线代表你要记住每个部分的多少内容，以达到阅读目的。

4. 一部分一部分地阅读。首先预习并用你自己的话进行回忆，然后阅读并用你自己的话回忆，直到填完回忆模式图上所有提前创建的支线。

5. 完成整个部分后，对整篇材料进行快速回顾。

体　　温

有些人冬天会穿皮大衣保暖，但很少人会认为皮大衣本身一点也不温暖。事实上，皮大衣和周围的环境温度一样。皮大衣不能温暖我们，但能让我们温暖。

为什么我们冬天需要皮大衣，而麻雀和蜥蜴不需要呢

热量来自人体，而不是毛皮。热量产自缓慢的氧化过程，就是我们所说的细胞呼吸。而毛皮特别适合保存热量，防止热量散发到周围寒冷的环境中去。没有人会穿锡板或骑士盔甲来御寒。金属有良好的热传递性能，因此不能很好地保暖。

把锅放到火上后，我们知道金属锅手柄热得很快，不能触碰，因为金属传热很快。我们更喜欢用木头锅手柄，因为木头传热性能不好。水比空气的传热性好，因此，我们即便是穿着泳衣待在20度的房里也很舒服，但要是跳进同样温度的水里就不那么凉爽了。水要比空气更快地耗干我们体内的热量。另一个传热性不好的物质是我们的指甲盖，这很容易证明。我们用手或嘴唇接触哪怕一下烫的东西都受不了，但在热量传递到指甲下面的敏感层之前，指甲一直接触着都没事。头发与羽毛都含有指甲那样的角质物，因此它们传热性能很差，能用来御寒。中间的一层空气增强了御寒效果。

这就是为什么麻雀、鹅、野兔以及西伯利亚的熊冬天都不需要专门的外套。大自然让它们的皮肤外面长了一层毛皮，给人类的就一层皮。远古时代人类就猎杀动物获取毛皮，现在我们仍然使用毛毯和鸭绒来御寒。

只有哺乳动物和鸟类具有保护性毛发或羽毛。其他脊椎动物，比如蜥蜴、青蛙与鱼类，以及所有无脊椎动物，比如螃蟹、蜗牛和蠕虫，都没有毛发。蜥蜴的体温随着环境而变化。这里存在一个奇怪的相关性：蜥蜴在强光下很活跃，在凉爽的气温下变得很懒，而在寒冷的晚上或冬天蜥蜴就不动了，身体也变得冰凉。虽然它通过体内氧化能产生热量，却不能保存热量，因此体温在很大程度上依赖环境温度。所有爬行动物、两栖动物、鱼类、昆虫以及低等动物体温都在变化。有人称它们为变温动物，但它们变温的程度也不同。比如在强光下蜥蜴的血液达到的温度比人还要高。变温动物的体温差异更大。

鸟类与哺乳动物是恒温动物，它们冬天夏天、白天黑夜、晴天雨天温度基本不变。这非常好，因为它们的新陈代谢以及机体功能不用依赖环境。然而，它们也需要防护它们的体温散发到周围环境中去，其中最重要的保护工具就是毛发。人类的体温接近36.6度，在什么天气都得穿衣服防止温度外散。

防止热量外散不能解释在环境温度变化后我们的体温能保持不变。我们还采用了特殊方法来补偿热量的损失或增加。

体温调节

天气凉爽时，我们穿上暖和的衣服。就像我们的衣服，动物冬天长出的厚毛皮到春天就蜕掉了，但这只是粗略的体温调节方法而已。

另一种是持续必要的精确调节。当温度从 36.6 度变化到适应细胞活动的温度时，它能在我们的意志外单独发挥作用。体温太高时，血管会膨胀，脸会变红，以此来散热。同时，我们体内的氧化过程减少到最低，在停止剧烈运动后，产生的热量也更少。并且，我们的汗腺会变得活跃，开始大量排汗，热量变成汗水排出体外。这也让我们的体温下降。狗没有汗腺，会伸出舌头剧烈地喘气，因为狗使用舌头与肺来散热降温。

相反，当我们的体温下降后，血管会收缩到身体器官内部，降低血液的热量损失，而食物燃烧会增加。如果产生的热量还不够，我们就会冷得发抖。这意味着我们的肌肉会不自觉地抽动，从而产生热量。

无论冬天还是夏季，这一调节机制都能让我们的体温准确到几乎不变化。除非感冒发烧等疾病打破平衡，或者在人筋疲力尽时会稍有下降。一些哺乳动物的体温比我们的稍微低点，而大部分都比我们稍高。鸟类的体温一般都在 42 度左右，而人类的体温达不到这么高，除非是致命发烧。

另一方面，昆虫的体温依赖环境，但它们也会防止自己血液中的热量过高或过低。热天的时候，你能看到黄蜂忙碌地在巢穴与附近的水坑之间飞来飞去。黄蜂的巢穴通常很开放，建在石头、房梁或者树杈上，暴露在周围温度中。它们的胃里存了水，喷到巢穴的支架上。然后坐在上面，就像活的通风机一样，用翅膀用力扇。水很快就蒸发了，而它们的窝也降温了。但天气冷时，它们会聚集到巢穴上，用身体盖住巢穴来减少热量的丧失。

我发现蜂巢是最完美的温度调节器。不管黑夜白天，里面抚幼室的温度一直保持在35度。天气热时，蜜蜂跟黄蜂一样，从数不尽的小水坑取水撒到蜂巢上，用力扇蜂巢。无数蜜蜂的快速协作实现了高效的通风。当温度下降时，蜜蜂会密密麻麻地聚集在蜂巢上面，防止热量散发。蜜蜂不属于恒温动物，但它们通过新陈代谢，能将自己的体温提高到比周围环境高约6度。尽管一只蜜蜂在露天环境的新陈代谢作用微乎其微，但成千上万只这样的小生命汇聚在封闭蜂巢内的代谢作用就非同小可了。

其他动物以及植物在同样的条件下都能产生热量。一堆大麦粒发芽时，大麦堆周围的温度能上升到比室温高3～6度。植物体内的热量一般是通过热消耗反应来产生的，比如光合作用。然而，花儿内部因呼吸作用导致的升温可能变得很高。昆虫通常晚上在花萼里待着，那是因为它们发现花萼里很暖和。许多在雪地开花的高山植物利用呼吸来融化冰壳，并因此得到太阳的光和热。[1]

阶段2

1. 根据前面的回忆模式（不要回头翻阅材料）重组新的回忆模式：把记录的信息加到新的模式图中，尝试对信息进行不同或新的关联，并放弃所有不重要的信息。

2. 完成新的回忆模式图后，拿一张新纸，不要回头看前面的两个模式图，尝试根据记忆制作新的模式图。先回忆再画线，然后填上尽可能多的言语信息。

3. 完成后，把新的模式图同你尝试重新绘制的模式图做对比，看你能记住多少信息。注意，如你想以后再进行复习，先看看你的回忆模式图，然后再次尝试根据记忆重组回忆模式图。

---

[1] From *Man and the Living World* by Karl Von Frisch, copyright by Deutscher Verlag, Berlin; English translation by Oliver and Boyd. Reprinted by permission of Harcourt Brace Jovanovich, Inc.

应用这一技巧

有时候班上会有学生对本课程的某一部分抱怨,他们告诉我他们已经离开学校,跟学习没关系了,也不想再学习。我尝试告诉他们,在这里学习跟在学校的学习不一样。实际上,"不是学生"的学生学习起来很有乐趣。想想第一步:设定目的。下周实践课上的实践训练,学生可以选择想了解更多的非小说书籍来读,比如水下潜水、国外旅行、职业发展、投资等。然后从书中选一章内容,设定阅读目的,目的可以是了解本章的主旨大意。当然,能通过预习就达到阅读目的更好。

假定你期望从阅读的书或材料中得到一些信息,只要你的目的要求你遵守,你就要绘制回忆模式图并使用学到的学习技巧。请不要就此认为我希望你把时间浪费在学习技巧或者无聊的书上。

总结

如果你觉得这样学习花的时间太长,那么你的阅读目的可能设定得有问题。首先,阅读长篇文章时,你应该知道(许多研究已经得出了明确的结论)无论花多少时间阅读,都要把一部分时间花在阅读与回忆上,这样你得到的信息肯定比单纯阅读要多。

其次,要是能花点时间提前决定所需信息的话,你就能决定要读的内容,而不是任其自然。

因此,时间不是原因。原有的习惯会阻碍你的阅读,但新的技巧最终不会花太多时间。事实上,开始练习后,你的学习时间就能大幅减少,甚至会减少一半。

翻到第五周实践训练,完成今天的作业。

第30章 chapter30

以简单的方法阅读复杂的文章

复杂的文章指的是阅读思考后也不确定是否理解了的文章。如果你没读过复杂的文章,最好跳过本章内容。但是,如果你经常阅读比较复杂的书籍或文章,就可能想通过学习本课程在阅读理解上有所突破。本章的技巧对于标准化测验也非常有价值,标准化测验指的是在读完后回答问题。如果这对你有价值的话,往下进行吧。

正如在第13章讨论的,有些文章很难理解的原因通常是写作的抽象程度高。换句话说,就是使用词汇的抽象程度高。当然,文章难读也可能是因为文中提到了新领域新概念,或者文章写得毫无条理。如果你忘记了这些概念,最好复习一下第13章的内容,然后再往下进行。

阅读某一新领域的材料

由于你对某一新领域的背景信息知之甚少，没接触过该领域相关的概念，处理这方面复杂材料的唯一方法就是阅读尽可能多的相关领域的内容。你需要花大量时间了解新的概念，你的大脑需要时间来回忆。因此，要规划尽可能长的学习周期，分成若干小的学习段（约1小时）。如果被迫在短时间内吸收新的概念，你可以学习1~2个小时，然后小憩半个小时，给大脑留点时间进行回忆并为阅读更多的新材料做好准备，然后学习1个小时左右，再小憩半个小时。

同样重要的是，你在接触新领域新概念时，要珍惜循序渐进式学习的价值。要特别注意把材料分成几个不同部分，然后预习/回忆，阅读/回忆，但阅读的目的不要太大。学习是一个构建的过程。缺少相关的背景知识时，知识才能系统地构建，并且效率最高。一次了解一点，逐步增加。想一次解决所有问题简直愚蠢至极。

阅读抽象的材料时

阅读抽象的材料时，必须应用学过的信号词与抽象等级才能理解，这意味着要分析阅读材料。最初似乎会有难度，并减慢你的速度，但通过练习你就能很熟练地进行。

熟练的读者能够以每分钟1000个单词左右的量处理非常有难度的材料，但刚开始时不要想着以超过400个单词每分钟的量进行任何分析阅读。

阅读时，你必须要学会的是认识句子之间的关系，这跟在第13章学到的一样简单。要问问自己句子中什么内容同前面相邻句子有关联，或者这个句子是否指涉段落的第一句话（中心句）？换句话说,看看作者在写作中使用的从上(抽象)到下(具体且简单)的转变。

你还须培养对过渡词的认识,过渡词能把不同观点相关联,并揭示材料的结构与组织方式。理解了文章的组织结构,通常就能阅读并理解材料,这还有助于你的记忆。从练习42开始,练习材料同我在课堂上使用的类似。我们将使用的材料在本部分结尾处附上。按照练习中的步骤进行,有关的说明包括在"讨论"下。

成功不总是意味着百分之百

我倒是希望能让每个学生都成功,但事实真不是这样。我看到或听到过有些学生阅读时依赖视觉多一些,有些依靠听觉多一些,其余的在两者之间。依赖视觉来阅读的人学习这些技巧非常容易,而两者之间的会遇到一些困难,而依靠听觉多一些的人会遇到更多麻烦。即便是你怀疑自己属于后者,也大可不必绝望。如果能坚持不懈,你也能学会非常想学的东西。即便是你已经习惯了听到单词的声音,不想改掉这一习惯,通过使用手动方法、应用确定阅读目的这一智能的阅读技巧,仍然能提高阅读速度,这很容易就能节省你50%的阅读时间。整合上面的两个数字,你很快就能在相同时间内阅读两倍的量。

在参加两次阅读动态课程后,纽约著名的纪念斯隆-凯特琳癌症中心的一位医生单独找到我。她的阅读更多地依赖听觉,加快阅读速度后理解就不到位了,但她想成功的决心着实令人敬佩。注意力是她的另一个问题,尤其是阅读医学类文章时。

通过练习阅读文章与杂志时观察写作的概括程度,她告诉我说,她这样做时脑子里一点也不离题了。这一相对简单的智力活动帮助她集中了注意力,同时还记住了读过的东西。再配合手动的运用,阅读得到了较大改善。她能以最初的两倍速度阅读复杂的材料。这简直是一项壮举。同时我们还在努力让速度更上一层楼。

你的阅读速度有多快

你现在已经很清楚自己的阅读速度了。阅读的快慢取决于诸多因素。假如你不按常规顺序每分钟阅读超过 1000 个单词，那就必须能快速地思考阅读的材料，很明显不能以这样的速度处理新的概念与分析文章。但正如我所说，通过练习，你将能以每分钟 600 ~ 1200 个单词的速度阅读该类有难度的材料。对于这一类型材料而言，这样的速度已经很快了。

必须练习该类型材料的阅读。阅读有难度的材料，要运用你学到的知识。阅读遇到困难时，必须改变方法，降格到分析式阅读。这通常意味着使用画下划线法阅读大部分材料。遇到简单的例子时，不要犹豫，马上使用更快速的手动方法。

阅读测验材料

阅读标准化测验中的短篇文章时，尤其是阅读后要回答问题，使用以下技巧给你带来的回报很大。首先，快速预习整篇文章，找出主旨大意以及结论；其次，阅读整篇文章，对材料要理解到位；再次，返回去分析文章，注意信号词以及前后句子在概括等级上的关联；最后，回顾整篇文章，把不同部分拼凑成一个整体，并尝试找出整体关联。

分析能提供一个供你阅读的结构，就像是个里面能存放不同文件的文档系统，让你能更容易想起材料。幸运的是，这些技巧大部分时间都用不到，但当你需要的时候可以随时拿来用。

翻到第五周实践训练，完成今天的作业。

练习 42

材料：纸张
　　　计时器

准备好一张纸盖住练习中每一步的"讨论"部分。

1. 给计时器设定一分钟时间，阅读本章结尾标题为"符号化过程"的整篇文章。

2. 快速阅读第一段（1~7行），找出文章的主旨大意。花尽可能多的时间，但要一次性读完。

讨论

假如你注意到标题的话（你应该关注，因为非小说文章中所有内容都应该赋予标题意义），你可能已经发现第一段讲的是符号之争，可以用不同方式来表达。

3. 再读第一段，要特别关注第二句话，找出第二句话同第一句话的关系。

讨论

第二句话的抽象程度下降了，因而变得容易了，对第一句话进行了解释。如果你没发现这一点，返回去重新阅读。重要的是要知道，文章的第一部分或第一段往往是最抽象、最难理解的部分。然后句子变得更具体，更容易理解。段落都倾向于采用该模式。

文章中读不懂的往往是第一部分。有些读者就此认为其他部分自己也理解不了，因此就不再关注后面的内容，并停止阅读。聪明的读者都知道第一部分往往很难，而后面的部分能用简单语言对复杂的部分进行解释，因此会认真阅读后面的内容。

4. 下一步，阅读第二段前两句话，从第8行到第11行，看看第二句话在抽象程度上跟第一句话有何关联。

讨论

第二句话提供了实例，变得更具体更简单，有助于理解较难的第一句。概括程度降级为2级。

5. 阅读第二段的第三句话，从第11行到第13行。注意信号词，信号词后面是什么内容？

讨论

信号词"例如"确认了要举的两个符号"X与Y"的例子，非常容易理解。由于澄清了前面一句，这句话进一步降级到3级。

6. 阅读下一句，即第4句话，从第14行到第16行，找出概括的程度。如何同前面的句子相关联？

讨论

该句提供了具体的例子，很容易理解。概括程度进一步降低到4级。

重要的是要认识到，当你读到具体的容易理解的例子时，可以加快阅读速度。聪明的读者在需要思考时会放慢速度，而读到容易认知的对象时会加快速度。

7. 阅读下一句，即第5句，第17到第18行，尝试记住该句的概括程度是升还是降。

讨论

该句变得更复杂，表示概括程度有所上升。这句话通过举例说出更多关于人类该如何的信息，同第一句第8行到第9行相关联，因此其等级返回到2级。

8. 阅读下一句，即第6句，第18行到第19行。看看该句是否帮助澄清了上一句。

讨论

对上一句有所澄清。概括程度为3级，谈了更多关于符号的内容。

9. 阅读下一句，即第7句，第19行到第22行，看看是否提供了解释。注意信号词。

讨论

信号词"例如"告诉我们要举例了，并且确实提供了例子。因此，概括程度降了一级，更容易理解。

10. 阅读下一句，即第 8 句，第 22 行到第 23 行，看看这句话。

讨论

信号词"然后"透露给我们将有更多的例子出现。

11. 最后，阅读最后一句，第 9 句，第 23 行到第 25 行。这些句子讲什么？

这句话更概括，等级上升到 2 或 1。这句话大体上属于总结句。至于总结句属于 1 级还是 2 级总有争论。

不管答案如何，这些都无足轻重。但有必要知道，概括程度升高了，内容更加抽象。你已经知道了很多关于材料的解释，因此这也不难理解。

12. 移动到下一段，阅读第一句。你预计这段会讲什么？

讨论

很明显，你预计会有一些实例。

13. 阅读其他段落，找出作者是否履行了提供实例的承诺。

讨论

一般情况下是这样。在这一点上，你应该跟随文章的争辩，原因是你已经从抽象的复杂的开头阅读到了简单的部分，能理解材料。

14. 尝试完成整篇阅读，边读边分析，注意作者概括程度的变化以及信号词如何关联信息。

15. 最后，返回到开头部分，重读第一段。

讨论

由于你已经通读并理解了材料的其他部分，现在第一段变得很容易理解。注意开头与结尾段落分别是简介与总结，提供了材料的主旨/论点，但理解有难度，这篇文章没有提供有关该观点的发展。

符号化过程

1 动物会争夺食物或领导权,但它们不像
2 人类那样还会争夺代表食物或领导权的事物。
3 比如象征财富的纸张(纸币、债券或文章),
4 衣服上戴的徽章或者
5 一些人提供的代表社会地位的小编号车牌。对于动物,
6 不存在一种事物代表另外一种事物的关系,
7 除非是以非常基本的形式。
8 人类以某种方式可以随意地让
9 某些事物代表其他事物的过程称为符号化过程。
10 两人或多人进行沟通交流时,
11 可以达成一致,让任何东西代表其他任何东西。比如
12 下面有两个符号:
13   X Y
14 我们可以约定 X 代表纽扣,Y 代表蝴蝶结。
15 然后我们还能改变约定,让 X 代表芝加哥白袜队,
16 Y 代表辛辛那提红人队,或者 X 代表乔叟,Y 代表莎士比亚。
17 作为人类,我们拥有独一无二的自由创造、操纵并
18 为我们的符号赋予价值。事实上,我们还能
19 让符号代表符号。比如,如有必要,
20 我们可以用 M 代表上面 X 代表的所有人或物(纽扣、
21 芝加哥白袜队、乔叟……),用 N 代表所有 Y 代表的人或物
22 (蝴蝶结、辛辛那提红人队、莎士比亚……)然后我们可以
23 创造别的符号,用 T 代表 M 与 N,这是用符号代表符号的例子。
24 这种自由让我们可以创造代表任意值的符号,而创造代表
25 符号的符号对于我们所称的符号化过程不可或缺。
26 我们转身的地方都能看到符号化过程。

27 头上的羽毛或袖子上的条纹可以代表军衔，
28 子安贝、铜环或纸张能代表财富；
29 十字交叉的棍子能代表宗教信仰；纽扣、麋鹿牙齿、
30 丝带、特殊风格的发式或文身能够代表
31 社会关系。符号化过程渗透到了人类社会，
32 不论是最原始还是最文明的时代。骑士、药师、
33 警察、门卫、护士、教徒或是国王都穿戴着
34 代表他们职业的服饰。北欧海盗收集俘虏的盔甲，
35 大学生收集荣誉协会的会员证以此代表他们
36 在各自领域的成功。很少有人类从事
37 或想从事、想拥有或拥有的事物，除了机械
38 或生物价值，是没有符号价值的。
39 正如托斯丹·邦德·凡勃伦在《有闲阶级论》中（1899）指出，
40 时尚服装都属于符号：保暖、舒适与实用性只是服装的材质、
41 裁剪以及装饰考虑的一小方面。我们穿的华服越多，
42 行为自由就越受限。但通过精致的刺绣、
43 易脏的织物、笔挺的衬衣、高跟鞋、长尖的指甲以及
44 其他牺牲舒适的地方，
45 富有阶层试图用符号来表现
46 他们无须工作就能生存。另外，不富裕的人通过模仿这些
47 符号来表示即便是他们为了生活而奔波，但他们跟富裕阶层
48 没什么两样。
49 随着凡勃伦时代以来美国生活方式的变化，
50 社会地位的象征符号也发生了许多变化。
51 时尚界发生了重大变化，而受嬉皮士、流行音乐、
52 新的性代码的影响，华丽风格以及醒目的颜色成为
53 当下流行。

54	在凡勃伦时代，棕色的皮肤往往表示
55	一个人从事的是农业或其他户外体力劳动，
56	而女性在户外都靠撑阳伞、戴大帽子、穿长袖衣服来遮蔽烈日。
57	然而今天，苍白皮肤表示你待在
58	办公室或在工厂上班，而棕色皮肤代表的是
59	悠闲的生活，比如到佛罗里达、太阳谷与夏威夷旅行。
60	在过去，代表劳作的棕色皮肤被人认为很丑，
61	而现在代表的是悠闲，成了美的符号。
62	皮肤苍白的纽约人、芝加哥人与多伦多人冬天没钱
63	到西印度群岛旅行，
64	但他们可以享受日光浴。
65	食物同样是一种符号。天主教、犹太教以及伊斯兰教等宗教
66	教徒要遵守宗教的饮食规定，
67	表示对信仰宗教的忠诚。大部分国家
68	都用特别的食物来象征具体节日与仪式，比如，
69	华盛顿生日吃樱桃饼、彭斯之夜吃肉馅羊肚。
70	吃团圆饭一直是人类已知的历史上最具象征性的行为：
71	"同伴"指的是跟你一同分享面包的人。
72	我们选的家具也是代表了趣味、财富与
73	社会地位的可视化符号。我们选住宅时总是基于
74	位置看起来不错等感受。我们购买
75	最新款式的豪车通常不是为了获得更好的驾驶感受，
76	而是向社会证明我们能买得起。
77	这些复杂但明显不必要的行为
78	让专业和业余的哲学家都在反复地自问：
79	"人就不能活得自然简单些吗？"通常，
80	复杂的生活让我们嫉妒相对简单的生活，比如，

> 81　像猫狗那样生活。但符号化过程虽然
> 83　让人类的行为变得荒谬，但同时让语言成为可能，
> 84　而所有人类的成就都离不开语言。
> 85　即便是汽车会比独轮车让我们犯更多错误的行为，
> 86　也没有理由回到独轮车。相同的是，
> 87　符号让复杂愚蠢的行为变得可能，但这不是我们回到
> 88　猫狗存在状态的理由。更好的办法是
> 89　理解符号化过程，这样你就不会成为符号的受害者，
> 90　而至少在某一方面成为它的主人。㊀

第六周实践训练

完成第20章到第25章的学习，然后花至少6天进行第四组实践训练。之后，你才能做好进行下一组练习的准备。花6天时间进行前面6章的学习后，今天完成本组实践训练。从明天开始每天学习一章，然后再进行实践训练。

实践训练18属于阅读学习练习。作为学生，你可以把该练习应用到你的课本。即便你不是学生，该练习也很实用：选择你想学习或想了解的阅读材料。你可能不想像学生那样为了通过学科考试而去读书，因此确定阅读目的时要考虑到这一点。对材料进行分割时，要分割出较长的部分，甚至一整章内容，目的总是能决定你的阅读方法与方式。

学习阅读练习的最难点是准确地设定目的。很多学生觉得他们应学习全部内容，当然，他们又不想花那么多时间。提前确定了目的并知道学习阅读各个部分的简单技巧后，不久你就会知道阅读时如何学习，并以更好的方式、比以前更快的速度完成练习。但技巧的练习需要时间，刚开始可能速度会慢些，但只要耐心地练习，你的效率肯定会提高不少。

㊀　From *Language in Thought and Action*, Third Edition, by S.I.Hayakawa. Reprinted with permission by Harcourt Brace Jovanovich, Inc.

✓ **本周实践训练所需的材料**

1. 计时器
2. 钢笔或铅笔
3. 纸张,优选 A4 规格的纸。
4. 你想学习的教科书或非小说书籍。
5. 4~6 本小说或非小说书籍。

| **实践训练 18** |

材料:课本或非小说书籍
　　　铅笔与纸张
　　　计时器

目的:学习研读,即研读、报告

预计用时:30 分钟

目标:根据新的阅读技巧,选择一部分你能在 30 分钟内学完的内容

每节实践课练习一次

图示:

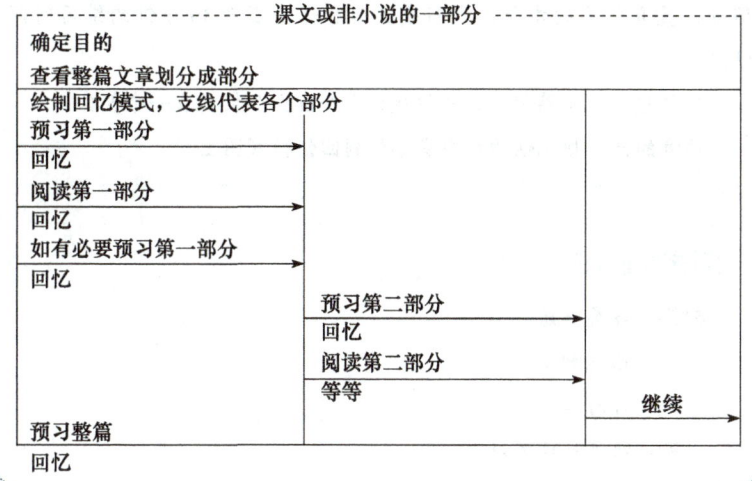

练习说明：

1. 选择课文的一部分或非小说的一章内容，选择的内容要能在 30 分钟内能完成。

确定阅读的目的：完成后你能够记起多少内容？是每段的材料、来自每个二级标题的还是只记住整个部分或段落的主旨大意？

检查一下你选择阅读的内容，根据阅读目的把材料划分成段落、按页码分割、部分或章节。

提前绘制回忆模式，代表你决定从材料中获得学习的内容：支线或直线代表你获得的所有信息。

（记住，开始阅读材料后还可以进行调整。）

2. 每个部分是段落还是整章？

通过预习找出材料的主旨大意。

进行回忆，不要回头翻看材料。

添加到回忆模式图上，然后问问自己是否能回忆起想记住的内容。如果不能，那么重读相同部分。

添加到回忆模式图。当你能记起想记住的全部内容后，进入下一部分，重复相同的步骤，直到完成所有部分或者 30 分钟的练习时间结束。

3. 快速预习整篇材料，尝试找出各个部分如何构成一个整体。

愿意的话，把记住的新内容添加到回忆模式图上。

实践训练 19

材料：各类书籍
　　　铅笔和纸
　　　计时器
目的：快速视读练习

预计用时：15 分钟

目标：在保持阅读速度的同时紧跟故事主线

本练习可以重复进行。

图示：

约15页内容的章节或部分	
刷页手动	3秒/页
在斜线回忆图示上回忆任何内容	
交叉回交手动	6秒/页
回忆	
"Z"形或分段移动	10秒/页
回忆	
刷页手动	1~2秒/页
回忆	
计算并记录"Z"形或分段移动速度	

练习说明：

1. 选择约有 15 页内容组成的一个章节或部分。

2. 使用刷页法，每页用时不超过 3 秒钟（愿意的话可以数数）。绘制斜线回忆模式图，写下你能记住的任何内容。

3. 重复阅读整个部分，使用交叉回合手动法，用时不超过 6 秒/页（每页约 3 次完整的手动）。添加你记住的新内容到回忆模式图上。

4. 使用"Z"形或分段手动法，重复阅读整个部分。用时不超过 10 秒/页（每页约 5 次完整回合的手动）。

阅读目的：尝试把故事情节关联起来。

5. 用刷页法再次阅读整个部分，每页用时不超过 2 秒钟，最好 1 秒钟。

6. 计算第 4 步中的实际阅读速度，记录到进步文件中。找出整个阅读部分的总字数，然后用分段阅读所用的时间去除总字数。

注意：确保第 4 步下的阅读速度保持在 1800 多个单词每分钟。

> **实践训练 20**
>
> 材料：各类书籍
> 　　　纸张与铅笔
> 　　　计时器
>
> 目的：练习快速阅读技巧并根据体裁与目的调整技巧
>
> 预计用时：12 分钟
>
> 目标：对视读有一定理解
>
> 本练习可以重复进行。
>
> 图示：
>
> ```
> ┌──────── 约8~12页内容的章节或部分 ────────┐
> │ 设定目的                                   │
> │ 根据体裁进行预习                           │
> │ 回忆                                       │
> │ 尝试使用分段、"Z"形或交叉回合法阅读        │
> │ 回忆                                       │
> │ 预习尝试比阅读速度要快                     │
> │ 回忆                                       │
> │ 计算并记录阅读速度                         │
> └────────────────────────────────────────────┘
> ```
>
> **练习说明：**
>
> 1. 选择约有 8~12 页内容组成的一个章节或章节部分。每天使用不同体裁的书籍：小说、非小说或传记。
>
> 2. 根据体裁进行预习：①阅读非小说材料时，略读开头与结尾，找出主旨大意；②阅读小说或传记时，扫读整个部分，找出故事的人物、环境、时间。
>
> 开始画斜线回忆模式图。
>
> 3. 自己选择手动方法，阅读整个部分。如有必要，尝试不时使用分段、"Z"形、交叉回合以及画下划线法。

阅读目的：找出故事情节。

添加到回忆模式图。

4. 预习整个部分，尝试让速度比你现有阅读速度快。添加到回忆模式图中。

5. 计算第3步中你的阅读速度，记录到进步文件中。

实践训练 21

材料：第1章的书目
　　　　计时器

目的：练习以初始5倍的速度阅读

预计用时：15分钟

目标：保持以初始5倍的速度阅读，同时要对材料有一定理解

本练习可以重复进行。

图示：

找出初始速度，去尾数到十分位。

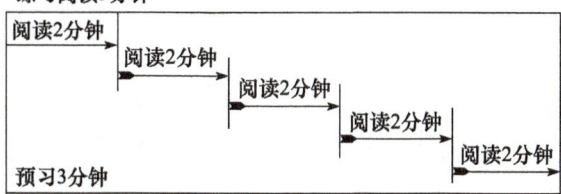

计算并记录阅读速度

练习说明：

1. 从第2章中找出你的初始速度，去尾数到十分位。

用这个数乘以10。

制订5个大体等同于最终阅读量的部分。

用纸条或纸带在每个部分结尾处做上标记,在页面上突出显示出来。

2. 手指作为节拍器,练习在 3 分钟内阅读整个部分。

3. 手指作为节拍器,尝试在 2 分钟内阅读整个部分。你可以使用选择的任意手动方法。

阅读目的:找出情节,并做标记(不要求理解)。

4. 继续在 2 分钟或更短时间内阅读每个部分。

5. 利用 3 分钟或更短时间回顾整个材料。

6. 计算每个部分的阅读速度并记录到进步文件中。

第31章
chapter31

通过特殊训练培养快速阅读

把全部重点放到速度上时,有些学生可能会叛逆并坚持要一步步学习快速阅读。一点一点加速,直到你的理解跟上了,再进一步加速。这听起来非常合理,但很少会奏效。不能给你压力的方法产生的效果往往抵不上花去的宝贵练习时间。我发现,受到最大压力时才能取得最好的效果,同时还会进一步提高。

助你放松

在很大程度上,阅读速度的提高取决于自我放松以及保持建议练习速度的能力,即便这样的速度完全不合适。除非学会该技能,否则很难欣赏老师用的技巧。我在教室里往往要想尽办法让不情愿的学生进行快速阅读练习。我希望学生能想方设法把练习速度提高。

记住，不能光理解这一技能，因为理解并不意味着你能做到，这不能让你学起来更容易。让我来举两个例子。

在去动态阅读工作之前，我在匹兹堡市郊的一所成人教育学校教授快速阅读。一位年轻的女护士快速阅读学得非常好。她想学好，所以练习很勤奋，每天都高兴地来到教室，对一点点进步都喜不自禁。有时候遇到学习瓶颈进步停止时，她还是会继续练习。我在处理课程期中成绩时，成人教育班班主任来找我。她是个拥有博士学位的聪明女人，也是一名优秀的行政人员。因为知道这位学生不够聪明，她确定该学生肯定没有她的阅读速度快（每分钟数千单词）。我确定地告诉班主任说：这位学生非常幸运，她积极的态度与勤奋极大地弥补了先天的不足。

我记得的另一名学生正在攻读匹兹堡一所大学的哲学博士学位。在学习八周课程的第六周后他来到我的办公室哭诉。他说自己学得不好，也害怕学不好。他告诉我自己是个优等生，暗示他快速阅读也该学得很好。我告诉他，需要放松下来，并以积极的态度来练习，而且不要尝试任何方式来理解。但他不愿接受。一些非常聪明的人由于长时间没有学习过技能，已经不知道怎么去学习了。有时候发觉自己得像别人一样刻苦学习，他们会很吃惊。这名学生也学好了本课程，但让我们很吃了些苦头。

老师不同，结果不同

刚成为伊芙琳·伍德动态阅读教育全国总裁时，我发现我们不同地方机构的授课效果存在很大差异，即美国、加拿大、欧洲以及其他地区。这让我很吃惊。我开始走访学校，跟老师们共事，并查看了学校的记录。后来我找到了答案。据我看来，有些老师对所教的技能熟悉程度不够，甚至自己都不太相信所教的技能，自然教不出好的成绩来。事实上，不同机构的教学效果无不反映了老师的技能。总让我感到满意的是，最好的老师与最好的教学效果都经过了盐湖城教学机构伊芙琳·伍德的专业指导。

对自己的技能很满意的老师往往能让学生取得最快的阅读速度，因为他们给学生的压力最大。下面有一些实践训练能让你取得更快的阅读速度，但你必须给自己压力，并按照要求进行练习。练习中做标记目的如下：①放松自己；②以足够快的速度手动翻页；③不管你有多快，尝试找出一些信息。阅读速度不够快的原因是：①你翻页不够快；②拒绝在规定的时间内只"看"页面上的文字。规定的时间可能是1秒/页，并尝试去"阅读"。

只要有点耐心，每个人都能快速地翻页，还能快速沿页面手动。因此，你不能做标记的唯一原因就是你不想做标记。

杯子是半满还是半空

我刚开始在伊芙琳·伍德动态阅读教育教课时，听别人说了伊芙琳·伍德的故事。我从来没问过她的故事是真是假，但这样的情况确实在我身上发生了。这个故事告诉我的是，当你学习到一定程度时，伊芙琳会问学生练习每分钟2000个单词的速度感受如何。透过学生的答案，她能准确地得知学生能学多好以及她教会学生需要多少努力。

如果有学生说这么快阅读时记住的信息寥寥无几，并且让人感到很失望，这位学生就需要更努力地学习，而且其成绩将在中等偏下的水平。但如果有学生说自己对这样的速度获得的信息量感到惊讶，那么教起来就很容易，并且这样的学生往往处在中等以上的水平。让我印象最深刻的是，上面的学生都有可能从阅读材料中获得相同数量的信息。我自己的经历也能证明。

我现在教授快速阅读时会把更多的重点放到理解技巧、学习技巧以及回忆技巧上,因为我近些年学习到更多关于这方面的内容。我当年学习快速阅读时,重点都放在速度上。从一开始学习我们就在加速,跟不上的很快就落下了。虽然今天我不会回到那些教学技巧上,但我相信大量的快速阅读练习大有裨益。我相信你会喜欢本章的一些快速练习。

记住,要保持冷静,不要担心你没有得到的内容,等等看。我将从最快的训练开始。

练习 43

材料:基本书目

1. 选择一本小说、传记或非小说书籍,优选不太难不太长的书(120~150页最佳)。

查看封底、书皮(如果有的话)、目录以及除正文外的其他内容,找出有关材料主旨的任意线索。

2. 以每页约 1 秒的速度快速"闪阅"整本书。翻页能控制你的阅读节奏,不需要任何手动法。

查看书中共有多少页,尝试以每页 1 秒的速度翻完。

3. 开始在纸上绘制整本书的回忆模式图,记下明显的组织结构特征。以这么快的速度翻完后,回忆书中的信息,也可以进行猜测。

4. 阅读时每页"Z"形或交叉回合手动一次,以约每页 2 秒的速度读完整本书。

5. 回忆记住的新内容并添加到回忆模式图上。

6. 阅读时每页"Z"形或交叉回合手动二次,以约每页 4 秒的速度读完整本书。

7. 把记住的新内容添加到回忆模式图上。

可选项:以最快速度从书开头阅读,采用任意的手动方式,然后计算你每分钟的阅读速度。记录到你的进步文件中去。

有时候很难想象这样的快速练习价值有多大。经过频繁的练习,并且练习周期也合理(30 ~ 60分钟)的话,你会从中得到最多收获。这将帮助你培养快速阅读范围。正因如此,你应该使用简单材料进行练习。培养高速阅读范围很简单,而且能帮助你提高阅读的最慢速度。因此,即便是用简单的书来练习快速阅读,阅读有难度材料的速度也能提升,因为你认知词群的速度提高了。

练习 44

材料:任意简单的书

1. 采用任意手动方式阅读 1 分钟时间,在结束位置做标记 X。

可选项:计算你的阅读速度。

2. 从步骤 1 结束位置往后 1 页的位置做一个标记。

采用任意手动方式,利用 30 秒时间练习从开头阅读到该标记位置。

3. 从步骤 1 结束位置往后 3 页的位置做一个标记。

采用任意手动方式,利用 30 秒时间练习从开头阅读到该标记位置。

4. 从步骤 1 结束位置往后 6 页的位置做一个标记。

采用任意手动方式,利用 30 秒时间练习从开头阅读到该标记位置。

5. 从步骤 1 结束位置往后 10 页的位置做一个标记。

采用任意手动方式,利用 30 秒时间练习从开头阅读到该标记位置。

6. 返回步骤 1 中阅读结束位置的标记 X 处。从这个点开始,采用任意手动方式阅读 1 分钟时间。在结束位置做标记 Y。

计算你的速度,记录到你的进步文件中去。

7. 可选项:重复练习,回忆你从每次练习中得到的信息。

如果你认为这样的练习速度很难且让你失望,最好花 1 小时的时间练习快速阅读课程。做不了标记时,要以较慢的速度练习,但要确保以能让你受益的速度进行练习。

练习速度三倍于你的阅读速度

练习的一个经验法则是，如果你期望的阅读速度是 X 个单词/秒，那么你练习的速度应该是 3X 个单词/秒。比如，你期望能以每分钟 1200 个单词的速度阅读小说与简单材料，应该花足够的时间练习每分钟阅读 3000～4000 个单词，然后你就能认识快速练习的价值了。如果希望自己能真正阅读得快，那么必须进行快速练习。

当然，你必须逐渐达到快速练习速度，掌握较高的线性阅读速度。比如，如果以每分钟 200 个单词的速度阅读时理解都有问题，那么你还没做好练习快速视读的准备。以极快的速度阅读前，你必须能够做到以每分钟约 600 个单词的速度阅读时能很好地理解材料。

翻到第六周实践训练，完成今天的作业。

第32章
chapter32

即时阅读报纸

日报的主要目的是传播有关最近发生的实时信息与评论。遗憾的是，许多人觉得有必要通读报纸，就像在准备什么考试。他们通常把没读完的部分保存起来找时间再去读（叠放在前些日子的报纸堆上）。现在我们要学习如何在有限或计划的时间内阅读报纸。

用简单的材料练习你的新技巧

报纸是练习快速阅读技巧最好的材料。原因如下：第一，报纸单栏的宽度让阅读变得更简单、更迅速。阅读文字栏的宽度相对狭窄（理想的是10厘米）。你能够看到的相互关联的单词数量最多。一行文字延伸到20×30厘米纸的下一页时，最难阅读。页码两边的单词同页码中间的单词往往关系不大。因此，你看到的额外单词几乎没有帮助。如果单词被印到非常狭窄的栏内，则会产生同样的负面效果。一份全国性的大型报纸进行的一项研究发现，10厘米是最适合阅读的印刷文字栏宽，这对线性读者以及速读者都有帮助。这也是为什么平装书容易阅读的缘故。平装书单栏的宽度一般都比精装本的要窄一些。

熟悉度让阅读更快

报纸容易阅读且非常适合练习新阅读技巧的第二个原因是你的背景知识。前面提到过这个原则在这里非常适合。

掌握的有关阅读题材的背景知识越多，阅读的速度就越快。许多报刊文章大都在更新你的即有信息。由于每天都在读报，你已经积累了很多背景知识。即便报道的是最新事件，通常都有一个相似的主题：政治丑闻、火灾、第15个结婚纪念日等。你只需找出新的名称、地点与细节即可。

报纸容易阅读的第三个原因是其体裁简单。大部分报纸都是新闻特写（作者署名可辨认）。新闻特写同社论都采用非小说的写作模式，开头与结尾组织有序，这使阅读更有效率。但这不是报刊文章唯一的写作形式，你还会在报纸上看到专栏作家与新闻文章。

专栏作家会让你遇到一些困难。大部分专栏作家会使用类似非小说体裁的散文体。但有些专栏作家，通常是漫谈专栏作家，写作时会用简短、层次分明的段落，本身就是一个整体，这些称为"条目"。由于这样的条目很短、讲的内容会突然变化，要快速阅读很难。

新闻类文章的体裁最简单

报纸使用的最基本的体裁是新闻文章。新闻文章属于通常显示在不同版面的头版与前面几页的新闻报道。这些报道都是新闻，意味着明天就过期了。新闻特写更像是杂志文章。杂志文章通常也很有即时性，但有时候会晚 1 ~ 2 天，甚至一周时间。

新闻专业的学生都对新闻报道的基本形式耳熟能详。最重要的信息在开头部分，越往下越不重要。这就好比一个倒金字塔结构，其目的正是为了抓住读者的注意力。同样，如果出现更重要的最新新闻，总能从上而下把新闻稿子分开。事实上，从任何断句的地方都能分开新闻，分割的空间可以用来刊登其他新闻。一些报纸还用来刊登后期的广告。

了解了上面的信息后，如果时间有限，你完全可以阅读新闻的开头部分，得到报道的主旨。事实上，许多年前，相对你阅读报纸得到的信息，一家知名的报纸戏剧化地呈现了你能从电视上获取多少新闻内容。电视上报道的仅仅是新闻的前面几段。

在比较新闻稿与新闻特写或社论的形式抑或体裁时要谨慎，新闻特写或社论采用的是非小说的形式：开端、发展到结束。两者的组织形式几乎完全相反。对于新闻稿，你完全可以只阅读开头或首段。但对于非小说形式，结尾跟开头一样重要，有时候甚至比开头还重要。尽管只需 1 ~ 2 秒的时间就能确认体裁，但你对文章体裁的关注至关重要。

报纸阅读的新方法

为了高效地阅读报纸，你有必要从整体上来阅读。你可能首先想到阅读头版的标题，或者体育版面。由于报纸撰写时会想方设法吸引你的注意力，因此很难不去看标题。要查看头版内容。

报纸中的每日简报（比如《纽约时报》与《华尔街日报》），是其次要看的内容。编辑往往会为读者精心编辑裁剪新闻内容，因此要好好利用每日简报。阅读整个简报，在你的时间内找出要阅读的重点内容，然后阅读。如果时间很紧张，简单预览一下。

报纸没有简报时，你要自己找出来。快速浏览整篇报纸，阅读标题与首句。如有必要，要确定读的内容以及是否值得阅读。在要阅读的位置做标记 X，然后以下面的方式阅读。

最好的方式是一栏一栏往下阅读感兴趣的内容，不要翻页看报道的其他内容。你将阅读最重要的部分，可以随后再读后面的部分。起初这似乎会有点脱节，但花点时间就能适应，而且这样读的效率要提高很多。毫无疑问，让你惊讶的是自己的记忆力有多么强。假如你阅读报道的后续内容在第二页上，即便是中间阅读了本页的其他报道以及其他版面，然后回到最初的报道上，你还是能记住值得阅读的内容。只要稍加练习，大概一周时间，你就会习惯以这种方式阅读，而且对节省的时间非常满意。

窄栏手动法

大部分报纸设置的版面都很窄，通常比 10 厘米的理想宽度还窄一些。阅读窄栏内容时，最容易使用单手指移动法。图 32-1 提供了两种特别适合窄栏阅读的手动方式。练习两种手动方式，看看你更喜欢哪一种。

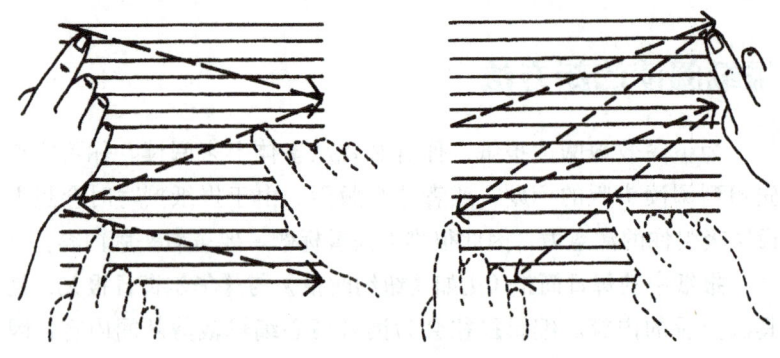

图 32-1　窄栏手动法

现在你已经知道了新闻文章的基本组织模式，利用这一内容很重要。在下面的练习中使用学到的新技巧与手动方式。当然，预习新闻稿前面两三段内容时，可以使用画线或"Z"字形手动法。

练习45

材料：未读过的报纸
　　　铅笔与钢笔或两支墨色不同的钢笔
　　　纸张
　　　计时器

1. 任意选择一篇新闻稿阅读。确保不选新闻特写（新闻特写可能是当天或好几天连续刊登的文章，而新闻稿就是当天的新闻）。

采用画线或"Z"字形手动方式，阅读前面两三段内容，以预习文章。给自己计时。

2. 开始绘制回忆模式图，记录文章大意。

报纸撰稿人尝试为你提供"人物、事件、地点、事件、方式或原因"等。你可以以相似方式组织自己的回忆模式图结构。

3. 阅读整篇新闻稿或版面上显示的所有内容。

给自己计时。

4. 用墨色不同的钢笔把记住的新内容添加到回忆模式图上。

记录你的阅读时间。

5. 重复步骤1～步骤4，再练习三篇以上新闻稿。

完成后，把你预习获得的信息同通读整篇文稿得到的信息进行比较，确保把所用的不同时间考虑进去。

你是否注意到前面几段往后的内容越来越不重要？是否注意到文章末尾会出现更多多余的背景信息"填充物"？

就阅读目的而言，你对多少新闻稿感兴趣？预习后还用继续阅读吗？预习后应该加快阅读速度吗？什么时候应放慢速度？上述问题都是你阅读报纸自然要问的问题。要成为一名高效读者，关键是要学会舍弃不需要阅读的内容以及何时加快或放慢速度。

翻到第六周实践训练，完成今天的作业。

第**33**章
chapter33

不要浪费时间阅读信件

大部分人每天面对的阅读材料中信件占了很大一部分。一些高管要花 4 个小时甚至一天时间来读。哈佛商学院的一项研究表明,管理者所处的位置越高,阅读量就越大。

　　日常信件包括信、报纸、杂志、报告以及电子邮件。这些都是篇幅不长的内容,而较短的内容通常最难快速阅读,因此这对你来说是个不小的挑战。想想你不需要用新的技巧就能快速阅读较短的材料,所以你必须非常小心地提防最大的风险。假如你要阅读的内容只有一封信,用不用手引导阅读都无关紧要。但如果你要阅读 10 封信或一定数量值得阅读的信件,速读技巧肯定会让你受益。这里省 30 秒,那里省 1 分钟,累积起来就是不少时间。速度比你想象的要快得多。

时间是少数不能取代的因素之一。我们每个人每天的时间都一样多。不管怎样界定成功，如何利用时间事关我们在人生中成功的大小。为了让工作效率达到最高，你必须使用不同的阅读技巧，其中之一是你最近提高的阅读速度。

规则1：只阅读一次

最会节省时间的人阅读时只读一遍。第一次阅读信件时，你要记下自己的决定。如果不必自己处理信件，行政助理会根据你的指示对信件进行答复。或者，在计算机上写信时，你会马上知道要写些什么。千万不要自己读了信件，又让助理进来重复阅读相同信件，只是为了告诉助理你的决定与回复。第一时间做出决定，然后在信上写下你的回复。

立时评估信件的重要性

根据信件的重要性，在脑子里或信件上立即给信件分级：优先信件、重要信件、可推迟信件。对于第一类必须马上予以答复的信件，读完就把你的答复或决定记录下来，然后交给助理。第二类信件也十分重要，需要立即进行答复，或者交给有能力答复的人员。第三类邮件可以推迟答复。想推迟就推迟吧。你可能会发现，搁置时间久了你直接扔了或归档就行，没必要进行答复。这些信件可以在你有多余的时间时再看。

信件有时候能自动归类。比如，采购订单属于第一类，而感谢信与大多数商品宣传单属于第三类。信息申请与大部分报告属于第二类，需要马上快速阅读完。看到信件时，要养成归类分级的习惯，马上处理，避免回头再次进行处理。

阅读信件时，确保总是使用手动法引导阅读。尽管信件很短，但阅读量很大时，节省的时间累计起来也不少。但无论何时都要注意数字，比如重要的日期、成本或其他重要的数字，这些数字往往指向信件中的重要内容。快速找出信件的标准组成部分、介绍性评论以及结束段，直接把它们分开。

> **练习 46**
>
> 材料：用计时器设定 20 秒、40 秒时段
> 　　　铅笔和纸
>
> 1. 在纸上列出 1～6。一次读完下面的信件，先用 20 秒时间预习。尝试确定信件的类型：报告、商品宣传还是感谢信等。
>
> 2. 预习第一封信后，写下信件的类型；能做到的时候，按重要性给信件分级：(1)、(2)、(3)。
>
> 　　预习后能对信件答复的，把答复或如何处理的结论记在纸上。
>
> 3. 如果你觉得需要阅读第一封信，注意用时不要超过 40 秒。读完后，记下你的答复或结论。
>
> 4. 阅读其他信件时，重复步骤 1～步骤 3。

KARBON KOPIERS 公司
夏威夷州
爱荷华市德鲁斯大道1234
（786）123-4567

托马斯先生
莫里斯迪尔公司
肯塔基州塔斯卡卢萨市夏洛特大街4545

亲爱的汤米：

  在我们返回州府的路上能与您再次相遇简直太棒了。很抱歉，简跟我都不知道您正在夏威夷游览，要不然我们肯定会热烈欢迎您的到来。

  正如我们在飞机上讨论的，毫无疑问，KARBON KOPIERS 公司能为您的大量复印工作节省成本。您购买目前所用的标准复印设备的费用将可能降低1/3，甚至更多。我们之所以能做到，是因为一套最近上市的全新系统，这套系统能使用任何类型的纸张进行复印，从而降低制造成本。

  如您想让我们的工作人员同您联系，请直接告诉我。这一新型机器非常成功，以至于我们手头上已经堆积了未完成订单。然而，我们总会为特殊的朋友与客户单独预留一些设备。如您感兴趣，我确保我们的当地销售代表会让您全面了解情况。

  烦请转告艾琳，我们不久会寄给她姜味香水和几罐夏威夷坚果！我再次期望未来与您在这里或美国本土会面。请向您的家里人转达我诚挚的祝福。

诚挚的

Roland David

总裁罗兰德·大卫

LUMINESCENCE 公司，340
加利福尼亚库比蒂诺莎迪赛德

亲爱的客户：

要战胜高昂的生活成本不止一种方法。对于像你这样的零售商，最有效的方式之一是在可能的时候批量订货，以享受数量折扣。

让我以你去年的订货情况为例进行分析。我们的记录显示，截至去年年底，你采购了各式各样灯泡 710 打。具体来说的话，105 打 40 瓦灯泡、300 打 60 瓦灯泡、305 打 100 瓦灯泡。由于你从来没有一次订购超过 10 打，所以我们处理的订单约 40 个。每次你采购的价格都是最高的，因为折扣要求的起订数在 25 打左右。

单个订单超过 25 打的话，你可以将年度总采购成本减少 625 美元。想想把 625 美元带回家作为额外的利润！要是你的订单达到了 50 打，你还能得到另外 500 美元的利润。

如果这在时间上是个问题，那么请记住，我们随时做好准备并愿意配合信誉满意的客户。这您可以完全相信。因此，何不让我们的销售员下周去拜访你，帮助你制订今年的采购计划，从而让你获得可能的最大折扣？

期待你的尽早回复！

诚挚地

R. 布朗森
销售副总裁

加利福尼亚州皮克斯维耶地区
联合大学
校长办公室
1997 年 3 月

罗纳德·福茨
密西西比州牛津市毕恩肯大街，3487

亲爱的罗恩：

5 年前，我们学校发起了私人高等教育史上最具雄心的筹款项目，即联合大学 300 万美元项目。

今天，在 45 000 位校友与朋友的支持下，我们已经完成了 95% 的项目目标。我代表的不仅仅是自己，还有项目联合主席理查德·戈登、理事以及对我们到目前为止取得的进度深感满意的众多志愿者。

我知道你作为学校的忠实支持者每年都给大学捐款。再次对你的支持表示感谢。我现在希望你做得跟我们对其他学校朋友、校友以及非校友的要求一样。我们想让你为本项目做出特殊的贡献，那就是对大学未来的投资高于您的年度捐款。完成项目的日期是今年春末。

成功的项目能保障许多活动的实施，而这些对大学又是至关重要的：知名教员提供的高质量教育；一流学生的奖学金资助，而他们中的许多人会为联合教育的高昂成本做出贡献；教学楼建设，比如图书馆设施与现代实验室扩建、计算机设备与软件的更新；重要的捐赠，是私立大学独立存在的宝贵里程碑。总之，这意味着对卓越的追求与承诺。

我想让你现在就承诺加入到已经加入的人群中来。我们已经取得了这么大的进步，联合大学已经离项目的目标近在咫尺，我想你会非常愿意尽全力支持该项目，以便能在 4 月末成为成千上万人中的一员，大声喊出"我参与了！"从而让你更自豪地说出"联合大学万岁！"

诚挚地
校长

J. B. Gerson

J.B. 贝恩松

哥伦布银行
马里兰州哥伦布东五大街 65

詹姆斯·奥康纳
副行长
Chin Ho 先生
马里兰州哥伦布博尔恩街道 870

Ho 先生：

你肯定会旅行、招待朋友，而且偶尔还会抢购意想不到的特价产品吧？一定数目的现金缓冲能为你提供经济灵活性吗？如果能的话，我们现在提供一项不寻常的服务：一笔金额为 2000～5000 美元的准备金以及哥伦布银行/美国运通金卡。像你这样的明眼人肯定会青睐的。

有了这张特殊的金卡，你能在世界成千上万的机构享有账户权利，外加便利性和无与伦比的购买力。无论你在哪里出差或旅行，酒店、机场、餐厅以及商店，这张卡都将为你大开方便之门，把你认定为我行的优先客户接待。

一旦你的金卡获批并开立账户，当你急需额外的资金时就能使用你在我行的准备金（最少 2000 美元）。就这么简单！所有繁杂的程序、银行来访或问卷一概全免。

我们的特殊服务就是为你提供便利，因为我们知道你在某些地方某个时候总会急需现金。后附的小册子包含更多的细节以及使用程序。我们相信提供给你的独特服务、安全性以及便利性将为你的财务计划带来宝贵的益处。接受我们的邀请，今天就申请吧！

诚挚地

Jim O'Conner

吉姆·奥康纳

附言：我们为你开立新的账户后，你将得到一份免费礼物……参见随附的小册子。

本顿&德威尔公司总裁查尔斯·德威尔
宾夕法尼亚州匹兹堡市
雷恩思伯里大道3400

亲爱的德威尔先生：

　　两个月前我离开贵公司的时候，我忘记让您为我写封推荐信了。我现在正在应聘洛杉矶一家著名律师事务所的职位，不知道您是否还可以为我提供推荐信。我未来的老板已经问我要了关于我在本顿&德威尔公司工作的细节证明。如您能提供一些我在贵公司工作时承担的职责信息，我将非常感激。

　　您是否可以将推荐信直接寄给亚当斯&尼斯公司沃兹沃思·亚当斯？地址是加利福尼亚旧金山公园广场22号。

　　非常感谢您的帮助。

诚挚地

Christopher O'Brien

克里斯托弗·奥布赖恩

阿尔文·阿德莫尔

伊利诺伊州皮奥瑞亚西街 123 号

亲爱的阿德莫尔先生，

  两周前我们利用一天时间一起考察了位于雪域市区的好几块地皮。我觉得你对特蕾西与斯基德莫尔大街一角的一块地特别感兴趣。

  现在我发现，如果我们能行动快些，有可能以低于我的报价达成交易，价格约不足 24 000 美元。原因是业主急需一笔钱改善现金状况。

  要是以现在的价格出售，这块地肯定会吸引众多其他买家。我觉得这会变化得很快。事实上，我手上还有另外一个买家。但我认为因为你最先表示有兴趣，等你拒绝了我再问别人。

  然而，我不可能等你很长时间。我最多给你 5 天选择时间，这意味着你要在 9 月 19 号周五前做好决定。因此，我建议您马上跟我联系。我确信这块地非常适合你的目的。你也知道，这样的好位置好地块卖这个价钱确实不多见。

  阿德莫尔先生，您能马上给我答复吗？

诚挚地

戈尔德

订购了一些杂志或行业期刊后，阅读时要利用第35章中的技巧。一定要在家里和办公室都放一些杂志。有5～10分钟额外时间时，可以随时阅读。利用平常浪费的时间可以阅读很多材料。大部分杂志与新闻刊物都属于二三类材料，通常一两天就能读完，因此，把它们放在你能看到的任何地方，在有额外的时间时随时翻阅。

以同样的方法阅读电子邮件。我不推荐你使用手动方法来阅读，但如果你能打印出来，采用阅读信件时的技巧来审阅的话，也会产生积极的意义。

认真设定阅读目的并且即时评估材料后，尝试一次性阅读大部分信件，使用手指引导你的阅读。你应该会发现，相比你平常阅读信件所用的时间，现在的阅读时间大大缩短了。一些高管现在能够把阅读信件的时间减少一半还多。要是你有很多信件要阅读，节省一半时间确实是个现实的目标，很值得你通过练习来达到。

翻到第六周实践训练，完成今天的作业。

第34章 chapter34

养成每天读一本书的习惯

西奥多·罗斯福总统习惯每天早餐前读一本书。多年前,有人告诉我,从动态阅读毕业的前参议员威廉·普罗克斯迈尔每天午饭期间都能阅读一本书。如果能养成这样的习惯,即便是一周一本书,你都将发现这样做很有价值。想培养这样宝贵的习惯,从实践训练开始,很快就能变成现实,完全超乎你的想象。

学习速读最激动人心的时刻是我们第一次一节课阅读完一本小说。事实上,我们不到20分钟就读完了。当然那时候只是在练习阅读,但不久就成为现实了。

练习阅读整本小说是一次宝贵的经历,尤其是反复练习的时候。开始时阅读短篇小说最容易,然后才是长篇与复杂的小说。这对你培养阅读更多书籍的长期习惯非常有帮助。

阿兰·拉金在他的《如何掌控你的时间和生活》（*How To Get Control of Your Time and Your Life*）一书中写道："每个人只要利用每天等公交、出租车等流失的 10 分钟、15 分钟的时间，都能阅读大量内容。如果你总能做好阅读计划，时间就能让你一步步实现庞大的阅读目的，比如阅读一部大著作。几分钟几分钟累计起来的时间能让你吃惊。"

拉金还提出了多种学习方法，设置重点目标并减少不必要的阅读。尽管他不提倡快速阅读（他写道自己很享受跟妻子一起大声阅读），但他的技巧确实是大量阅读所需的良好方法。

首先决定你想阅读什么

大部分人把大量时间浪费在阅读那些最终对我们并不重要、对工作与个人最终满足感毫无价值的材料上。

学习如何决定真正要读的内容本身就是一门课。开始学习本书时，我让你假设自己只有几个月的生命，然后列了 10 本你最想阅读的书目。这是规划阅读的良好开端。如果能每 6 个月进行一次，你自己都会惊讶于完成更多阅读的速度。

生日是你制订 6 个月阅读书目的最佳时间。阅读周期是从你生日往后 6 个月时间，这段时间容易记。回顾你最想阅读的内容，制订一份包含 6 本书或更多的阅读书目。最好从阅读量小的书开始，制订的清单不能把自己吓到了。读完第一组书目后，可以制订新的阅读书目。

在《如何阅读一本书》（*How to Read a Book*）中，美国批判阅读教父莫提默·艾德勒推荐了一份世界巨著清单。

如果你对此感兴趣，并想尝试阅读一些好的作品，你会发现这些杰作基本上都有低价的平装本。制订好书目后，你就做好了开始完成阅读任务的准备。

如何阅读更多的书

正如本课程的练习一样,如果你想阅读更多的书籍,那么很有必要养成阅读的习惯。接下来的两周要每天或每两天腾出一点时间阅读。正如我在本章开头建议的,尝试培养新的习惯时要从早起开始。习惯牢固地养成后,把阅读时间挪到一天的另一个时段。因此,选择一段时间,哪怕只是 10 分钟,作为你每天固定时段阅读的替补或补充。另一个方法是随身携带一本书,利用每天空闲的零散时间:等待朋友、上厕所的时间、约会等待、等待计算机下载等。

每天一本书的阅读方法

如果你想养成每天阅读一本书的习惯,从收集你想阅读的书开始。记住,开始的时候还是练习阅读,不久才是真正的阅读。起初你可能觉得自己从书中得到的信息不多,但如果真想获得什么信息,可以重复阅读,但最好等待一个月之后再读。第一批书目应据此进行选择。

最好的办法是从收集同一作者的系列书开始。对作者的风格熟悉后,阅读该作者的书就会越来越快。海明威是个不错的作者,可以从他写的短篇小说开始。

约翰·斯坦贝克写的许多书非常适合短时间内阅读,比如《珍珠》(*The Pearl*)、《人鼠之间》(*Of Mice And Men*)。因此,学习快速阅读课程用斯坦贝克的书很多。他的书平均都在 120 页左右,长度适合开始练习阅读。

这个时候也适合重读你过去读过的书。一本好书永远读不完,因为随着年龄积累的更多阅历与背景会让你从书中获取更多东西。因此,多年后重读同一本书时,你会发现许多新的东西。此时重读一些书是一项有意义与有回报的练习,会让你的练习受益。

帕特里克·布坎南在往返的航班上读 3 本书

多年前,我在白宫教授尼克松总统的雇员快速阅读课程时,他们要读的东西太多,没时间进行练习。但有一点很关键:他们非常渴望提高阅读速度,并急切地使用了全部阅读技巧。最终,尽管他们练习的并不多,但成绩要高于班级的平均水平。其中成绩最好的学生叫帕特里克·布坎南,总统演讲撰稿人,后来的总统候选人。学习了仅仅 4 节课,中间耽误了一节课,因为要乘坐去夏威夷的紧急航班欢迎著名的阿波罗 13 号飞行员。帕特里克对自己的进步很满意,他说自己在往返的航班上读完了 3 本书。这是个了不起的进步,尤其是考虑到作为总统的特别助理,他在飞机上的时间不能都用来看书。

小说体裁

前面的章节讨论过小说,在这里复习一下更好。除了章节(通常没有标题)、段落之间大的间距,小说的结构与组织形式通常不太明显。作为一类艺术形式,小说的组织形式在很大程度上被掩盖了,因为作者希望把你的注意力带到故事里。当然,融入其中是阅读一本好书的乐趣之一。

预习小说主要是为了找出小说的几大要素,同时也为阅读做准备。由于阅读是一项技能,就像没有热身,舞蹈家或运动员也不会有好的表现一样,你也不要期望没有任何准备就能阅读得很快。

至少要预习 50 页内容,速度要很快。优选刷页手动法,以每页约 3 秒的速度阅读。尝试找出故事的主要人物、发生的地点以及时间,同时要注意语言的难度、描述性语言以及对话的数量。然后你才能做好准备并获得一些有关阅读内容的信息。

阅读小说时,一旦融入故事情节之后,故事情节稳步的推进往往能让你快速地阅读。最重要的是要在开头部分放慢速度，以便你能切入故事当中，然后你会发现阅读起来非常容易提速。另外，描述性段落也能快速阅读，但一些描述情节的叙述性段落要求你放慢速度，以便不错过关键细节。对话通常可以以非常快的速度阅读。

如果你想分析故事情节，预习时就可以进行分析。再次检查材料，找出结构要素。要了解一个或多个人物要干什么或想干什么，通常很复杂，但问题最终会得到解决。这通常是小说形式的基础。你可能还会留心书中的主要危机，也就是主要问题。各个部分、章节或章节中的部分通常问题很少。故事发展到高潮后，段落之间用空白间距来分割。高潮之后，故事就迎来结局。

通常只有学生与严肃的读者才会对故事进行分析阅读。如果你想进一步学习，我鼓励你读读莫提默·艾德勒的《如何阅读一本书》。这本书详细描述了如何彻底地阅读各种不同的材料。下面介绍了如何回顾与分析第 23 章引用的《警察与赞美诗》。

《警察与赞美诗》的结构回顾

这篇小说的主人公是索比，故事发生在世纪之交的纽约市。注意到这些小说发生的要素后，你应该尝试确定基本的场景：主人公要干什么？欧·亨利在开头就明确说明了：冬天来了，索比想找个地方过冬。

为了分析进行回顾，你应该首先找出索比想干什么以及结果如何。他通常的计划是让警察抓他，在岛上或监狱度过冬天的 3 个月。他尝试了 6 次，但都无疾而终，包括：①索比甚至没钱去一家像样的饭馆点餐，因为他没钱付账；②索比明目张胆地打碎了商店的玻璃，成功地让警察抓着，但警察还是没把他逮起来。你可能想重读一下找出其他索比尝试的办法。

都失败后，索比发现自己来到了教堂门前，想起来一些往事，并决定换个方法来解决，他决定尝试找份工作。但正是在这个时候，他站在教堂前什么也没干时，索比因流浪罪被警察抓了起来。

这一简短的部分（"你在这做什么"）正是故事的高潮，也让索比的新尝试变得复杂。

故事的结局往往很简短，因为很少有新颖或出人意料的地方。在该小说中，结局都包含在最后一句话中："第二天早晨，警察局法庭的法官宣判道：'布莱克韦尔岛，三个月。'"

找出故事的结构后，你就知道了作者的组织与计划，因此很容易记住内容。在下面的练习中，重点是要进行更多快速阅读的练习。

练习47

材料：基本书目

1. 给计时器或录音机设定5分钟间隔。使用录音机时，设定1分钟提醒（剩余4分钟、剩余3分钟等）。

2. 采用"Z"形手动法，以每页1秒的速度翻阅整本书。放松自己、查看整个页面，尝试找出上面列出的预习信息。绘制回忆模式图，记下组织特点（如果有的话）、主要人物、场景与时间。

3. 采用刷页手动法，利用5分钟阅读尽可能多的内容，再次寻找预习信息。尝试以不超过3秒的时间阅读每页内容。看5分钟内能翻阅多少页内容，数量第一。把记住的所有信息添加到回忆模式图上。

4. 把书平均分成几个部分，每部分7500个单词左右。

利用5分钟阅读每个部分。

每次读完5分钟后，简要地把信息添加到回忆模式图上。

5. 利用5分钟预习整本书。

添加到回忆模式图上。

名字是个问题

阅读小说时，预习后确定是否存在重大阅读问题。通常存在的问题是奇怪或不寻常的名字。你在阅读外国小说时经常会遇到这样的问题，尤其是俄国小说中的名字我们都不熟悉。

制作一份人物表能让读者对小说结构有一定了解，从而把信息关联起来。要做到这一点，预习前面 50 页左右内容时，把出现最频繁的名字记录下来，增加到再次出现的人名列表中去。地方名称也非常重要，因此也要留心。预习后，反复查看名称。建立起人物关系对你的阅读非常有帮助，但通常需要你融入小说情节后才能做到。

为什么阅读小说

可能没有比阅读小说能让你更好地了解自己的方法了。此外，在小说中，你还能充分体验其他人的见识与经历。在小说的世界里，作者能把虚构的人物同自己内心深处的想法、冲动与情感结合。尽管得到的是间接体验，但没有别的方式能让你这么快获取这么多。许多伟大的人物都通过阅读好的小说得到了宝贵的教育经历，而且幸运的是，他们很多人还把自己独特的经历通过小说分享给大家。小说是个充满乐趣与喜悦的世界，而且不必解释。阅读几本好的小说后，你自己就会发现这一点。这真是只有人类才懂的伟大特权之一，但我们每个人都能平等享受。我们要学会分享。

翻到第六周实践训练，完成今天的作业。

第35章 chapter35

保持杂志与资讯性阅读

报纸杂志、微博以及各类题材图书中的非小说材料为你提供了宝贵的机会,让你在自己的领域不落后、获取新的专业知识并接受新的观点。遗憾的是,我们大部分人都把杂志与要读的书堆积在床头或者单位的邮件箱。没有读的书数量巨大,而且很多人心里都会体验到那种没有读书带来的内疚感。

语言治疗师凯伦·莱德尔参加课程后在她的桌子上放了一堆专业杂志。在接待客户前的几分钟时间,她会预习一整本杂志。她发现,尽管没有阅读全部内容,但她知道需要的信息在什么位置,这已经让她能足够了解所在领域的最新知识。她的同事不久发现她就是一个博大的信息源。他们跟不上出版的最新信息,一旦遇到不能解决的问题不知道哪里能找到时,他们总会来找莱德尔。

知道在哪能找到具体信息确实是一个有效的阅读目的。认为应该或必须了解并记住所有内容的人不仅仅注定要失望沮丧，而且会浪费大量宝贵时间。并且，这样的想法让他们读不完大部分要读的内容，也得不到想要的信息。

科学地利用闲暇时间

速读者速度落后的主要原因是不能科学利用时间。我有一位朋友总能很好地利用时间，而且通过增加新的阅读技能，跟上自己专业的最新知识。她预习并寻找新的观点与有用的信息。对自己感兴趣的文章，她会更认真地重新阅读。

这种方法能节省大量时间。杂志刚拿进来时，你就马上浏览。查看信箱时，我会练习阅读我的杂志，每本利用约 5 分钟时间。第一，检查目录看看有没有特别重要的内容。第二，预习整本杂志，翻看所有文章。要是你对杂志不感兴趣，就不会订阅。如果这是别人给你的礼物或者别人的杂志，要么取消订阅，要么不要动它。你有机会找到自己感兴趣的知识，即便你在阅读一些标题时并没有这么去想。

短时间内从杂志或专业报刊上得到的信息量会让你惊讶。同上一章小说阅读练习一样，快速阅读杂志时你可能不会认为自己得到了多少信息。但当你参与到有关该信息的谈话或场景时，你会发现，你能记起重点与新颖的信息。最重要的是，你将知道从哪找到更多详细的信息。

可能刚开始你需要自欺欺人一下。快速地浏览报纸杂志，告诉自己这只是进行阅读练习，稍后等有了更多时间，你会回来重新阅读。事实上，后面你真的会重新阅读，你有能力阅读得更快一些。不久你会认为没有必要回头重读了，因为你知道自己已经真的读过了。这可能会让你吃惊。

不要再强迫自己

不久前我的一个朋友参加了我的课程,但在练习上遇到了很大困难。他发现练习阅读让他很失望,以至于在认真思考与咨询后,他决定放弃课程某个方面的内容。他照常来上课,学习得很勤奋,并且把所有的原则应用到他作为一家知名基金会副总裁面临的宏大的阅读量中。

我关心的是他从课程中学到的东西没有我期望的多。当我就此问他时,他告诉我他从课上已经学到了很多东西。尽管阅读速度仅仅翻了一番,但他取得的最大成绩就是知道了阅读时哪些内容不必阅读。这是我第一次因教给别人不必阅读某些内容而受到称赞。

他告诉我,他以前总有阅读强迫症,要求自己把面前的所有材料都读完,比如整份《纽约时报》、桌子上放的所有报告与信件,以及他所在领域的多种书籍。现在,学会界定自己的阅读目的后,他知道了哪些是不必读的材料以及预习的材料,从而把足够的时间留给最重要的材料。

我之所以觉得这个故事非常重要的原因之一是,他是个非常聪明的人,哈佛大学毕业生,并且在自己的领域非常成功。许多快速阅读的学生总是在强迫自己加速或者放慢阅读,并认为自己的问题是特殊情况,或者是智商不够。这些问题在各个层次的人群中普遍存在。要解决这些问题,首先要学会决定你的阅读目的,选择要阅读的相应内容,并最终培养良好的阅读技能。

发现阅读速度放慢时

我最近的一位学生跟我分享了他的一次宝贵经历,我认为对你可能也有帮助。每个人在阅读报纸、杂志或书籍时总会发现自己的速度有时候会放慢。这位学生说,发现自己速度放慢时,他会使用最近发现的一个窍门来解决。他会马上转到另外一篇文章或一本书的其他部分，快速练习1分钟左右。返回自己刚才阅读的内容时，他发现现在竟然能很容易保持阅读速度。

作为阅读所有报纸杂志的方法之一，你会发现学习这项杂志阅读技巧非常有价值。现在就用你经常阅读的杂志试试。要知道，之前你没有机会这么做。

练习48

材料：经常阅读的杂志
　　　计时器

1. 阅读封面找出你感兴趣的文章并标记出来。

翻到目录页并通读目录。

问自己下列问题：

有没有必须阅读的内容？

有没有应该阅读的内容？

你想阅读的内容是什么？

在目录上把归为1类的文章做标记（1），二类的文章做标记（2），三类的做标记（3）。

2. 给自己20分钟时间阅读整本杂志。

采用分段、"Z"形、交叉回合或其他快速练习方法浏览整本杂志，时间10分钟。

遇到（1）类文章时，要放慢速度，认真预习并阅读，原因是该类文章篇篇都可能不同。

3. 返回目录表，修订你的评估：可能一些（2）类文章你不再感兴趣，可能你分类的（3）不正确，也可能你感兴趣的文章增加或减少了。

利用余下的10分钟时间重读（2）类文章，在时间允许的前提下彻底阅读。要是还有剩余时间，返回阅读（3）文章。

在本练习中，可根据杂志内容、重要性以及难度调整练习时间为 30 分钟或 10 分钟。不管如何调整，练习的原则保持不变。重点是要知道你的目的，并选择对你最重要的材料阅读。最重要的是要读完杂志。

我处理衣服的一个原则是：过去两年没有穿的衣服，都交给 Goodwill ⊖和救世军，即便是我认为将来的某一天还会穿这些衣服。我每年都会过一遍，给每篇文章第二次阅读的机会。我学会以同样的方式处理阅读。简要地浏览一下杂志，5 分钟足够，远比把杂志放到日益累计的杂志堆上好太多。在处理信件时，尝试在收到时就马上处理。最好的习惯是一次处理完每封信件、杂志或非小说书籍。利用寻找、放下、保存及整理文章的时间，你几乎可以轻松地处理完所有需要阅读的材料。

以相同的方式处理非小说书籍

我们在书店报摊经常会看到许多好看有趣的非小说图书，大部分人都怕买这些书，因为他们知道买了也是束之高阁。你可以像处理信件与杂志一样的方式马上处理这些书。

通常，一般图书都有一个论点或中心思想，内容主要是大量轶事、第一人称叙述的经历、实例以及许多诱惑你购买的材料。知道这一点以及非小说书籍的组织方式后，速读者很容易在较短时间内读完这些书。

尝试去杂货店练习

我的一个同事约翰·张伯伦是个非常会创新的老师。他布

⊖ 美国连锁的二手店。——译者注

置给快速阅读班的特殊练习值得作为一生的习惯保持下去。他让学生去本地卖平装书的杂货店、报摊或附近的连锁书店,待在那里半个小时阅读两本非小说书籍。规则是不要买书,而是要在约15分钟内读完一本书。站着阅读以及店主的注视能帮助他们保持较快阅读速度。这是一项宝贵的练习,值得用来阅读许多书籍。下个练习中我将列出练习的大纲,以便让你有机会尝试。

练习49

材料:各类非小说书籍

1. 到允许你舒服看书的卖平装书的书店。

选择一本你感兴趣的任意题材的书籍,尝试选一本页数在120~200页的书。

给自己15分钟时间完成下面的步骤。

2. 阅读封页封底、书皮以及除正文外的能告诉你有关书本信息的内容。

3. 仔细查看目录表,尝试找出是否有能揭示主旨的介绍或第1章内容。注意为专门卖书而设计的推介部分。

尝试找出是否有总结性章节,该部分将对要点进行汇总。

找出其他提供论据基本要素的重点章节:组织方式、技巧或观点。尝试确定哪些章节属于不必要的内容或者纯粹为了填白。

4. 仔细预习包含重点信息的开头与结尾,避免阅读那些推销卖书的内容。

5. 预习并阅读你选择阅读的重点章节,或者快速浏览整本书,采用快速手动方法阅读章节。

注意:确保在分配的时间内读完整本书。非小说书籍的末尾通常都包括一些非常重要的信息。避免陷于有趣但无用的细节。

学习快速阅读最难的地方就是加速并摒弃不需要的信息。大部分人接受的教育都强迫自己阅读所有内容,从而无法阅读真正需要阅读的内容。这些练习能帮助你克服你现在的强迫症,并且是处理经常遇到的许多材料的良好方法。

翻到第六周实践训练,完成今天的作业。

第36章 chapter36

确认你现在达到的阅读速度

虽然本章是本课程的结束部分,但实际上你刚刚学完开头。假如你完成了本书所有的练习,就说明你已经完成了大量的练习,并且毫无疑问,你的阅读技能得到了大幅度提升。然而,最大的挑战就摆在眼前,那就是要保持并进一步提升你已经获得的阅读速度。

现在你必须开始进行规划与练习,以便培养终生习惯,这样才能保持阅读速度并继续完成你所需的大量阅读。你已经掌握了阅读的技巧,但现在必须换别的方式来使用它们。这也是为什么有另外一组实践训练的原因。

本节练习的必要性有以下两个原因:第一,你仍然需要更多的快速阅读练习,这些练习正好满足你的需要;第二,你需要适用于更多日常阅读场景的练习。希望这些练习能同样满足这方面的要求。

设置为期 6 个月的计划

现在设置一项为期 6 个月的计划，确保养成并巩固新学到的技巧要求的习惯，这将大有裨益。如前所建议，可能的话，你应该确定一个常规阅读时间，可以是每周三次半个小时的阅读，或者更长时间。如果不可行，计划利用每个 15 分钟的闲暇时间，随身携带阅读材料。

知道了什么时候阅读后，下一步要计划的是阅读什么内容，因此制作一份读书清单。如果要读的内容太多，你可以规划要读的内容、设定重点，比如最重要的材料，先从 6 本书开始。

在未来的 6 个月内计划进行一些练习。"强迫式"阅读练习非常适合，比如实践训练最后一节的练习，能帮助你养成每次坐下来都能阅读一本书或一大部分内容的习惯。首先是练习阅读课，不久才会是真正的阅读。

托马斯·沃尔夫如何成为速读者

在著名作家托马斯·沃尔夫的成长过程中，他发现了在图书馆读书的乐趣，而且他想要阅读图书馆全部藏书的疯狂想法与日俱增。他付诸行动，设定了每天阅读 2 本书的目标，不管拿到什么书。最终，他成为一名速读者，使用了非常必要的阅读技巧：快速阅读技巧，并持续设置目标完成更多的阅读量。

现在快速阅读已经成为一项著名的技能，而且我们知道怎样才能以更高效率教授学生。希望本书以及好的练习能让你付出较少努力，成功地成为一名超速阅读者。

一些建议

记住，在阅读任何读物前首先确定阅读目的，这是你成为高效阅读者必须养成的一个关键习惯。在评估值得阅读的材料时不要手下留情，因为你的宝贵时间是不可替代的，不要浪费到最终既不能让你获得乐趣又不能满足你作为学生或商务人士所需要的材料上。知道哪些材料不用读同知道哪些需要读一样重要。

总是用你的手作为节拍器。似乎有些学生总是试图避免用手，但所有研究表明，当你拿走了节奏控制设备后，阅读速度就会降低。研究表明，如果在完成了练习后继续使用该方法的话，你的阅读速度仍将保持每分钟数百单词的速度进行稳步提升。我不会试图去放弃使用手动方法。如果你能很容易使用手动方法，我认为你放弃的话会得不偿失。

尽管你不是任何时候都想用手引导阅读，但每天要尝试使用手引导阅读一些材料，以便保留这样的技能。在公共场合，你可以使用铅笔来代替，这样就没那么显眼了。但我鼓励你展示自己的技能，其他人会羡慕你，进而又能巩固你的技能。

同时，如果你停止使用手引导阅读的话，不要以为你就失去了全部。本书中的许多技巧，学会了就不会忘记。研究表明，停止使用手引导阅读的学生，当重新开始使用时，他们的速度又会上升，虽然比不上那些持续使用手引导阅读的学生，但效果也足以鼓舞人心。换句话说，一旦学会了，你就不会忘掉，只可能会生疏。

另外，不要忘记，当你想记住一些信息时，一定要在阅读后绘制书面的回忆图，这既简单又有效。我们参加过很多课程，但许多年后对学习的内容一片空白。如果你记得快速阅读时使用手指、想记住信息时绘制回忆模式图，那么我认为你花费的时间与精力都很值得。

现在完成最后的测试，然后才能做好开始新的实践训练的准备。

◉ 最终阅读评估

材料：铅笔或钢笔
计时器
测试用书。第 2 章使用的书目，但要选择你没有读过的部分

1. 选择测试书上你未读过的内容，约 40 页长。
2. 以最快速度阅读材料 3 分钟，使用计时器。
3. 3 分钟结束时，在阅读结束位置做标记，然后合上书。
4. 在纸上记下你能记起来的所有内容，不要回头翻看读过的材料。一边写一边为你想起的信息编号。

可能需要 6 分钟时间，使用计时器。
5. 计算你的阅读速度并记录到进步文件中。

实践训练续

你已经完成了本书的学习，并达到一个新的开端：必须继续努力保持已经取得的进步，并获得进一步提升。随后几个月对你养成良好阅读习惯并适应新的阅读技能非常关键。唯一能做到的方法是经常使用这些阅读技能。

如果可能的话，未来 6 周内，每天至少练习 20 分钟，逐步让它成为你的终生阅读计划。养成习惯后，可以逐步减少练习，但当你觉得速度开始下滑时，简单做些练习把速度找回来。

下面的实践训练是我们班授课最后几周使用的练习，你可以用来作为最后一周的艰苦练习内容，或者未来 6 周每天 20 分钟的练习内容。当然，你可以返回使用本书中你认为特别有用的其他练习。

✓ 练习需要的材料

1. 计时器

2. 钢笔或铅笔

3. 纸张或计算机上的 Word 处理程序

4. 各类书籍、非小说、传记与小说

5. 每日报刊

| 实践训练 22 |

材料：各类书籍

　　　　铅笔和纸

　　　　计时器

目的：培养阅读速度

预计用时：15 分钟

目标：以最快的速度获得最少的理解

本练习可以重复进行。

图示：

约20页内容的章节或部分	
刷页手动	2~3秒/页
回忆 自由选择手动方法进行阅读	8~10秒/页
回忆 刷页手动	1~2秒/页
回忆 计算并记录阅读速度	

练习说明：

1. 选择约由 20 页内容组成的一个章节或部分。如果理解起来有问题的话，选一本简单一些的书。

2. 使用刷页法，每页用时不超过 2~3 秒钟。想达到较高速度，一定要快速阅读。

制订斜线回忆模式图，写下你能记住的任何内容。

3. 重复阅读整个部分，使用除画线外的其他手动方法，用时不超过8~10秒/页（每页4~5次完整的手动）。把你记起的新内容添加到回忆模式图上。

如果理解得不好，重复上面的步骤，优选不同的手动方法。

4. 使用刷页法，重复阅读整个部分，每页用时不超过1~2秒。

把你记起的内容添加到回忆模式图上。

5. 计算你在步骤3的练习阅读速度。

算出整个部分的总字数，然后除以练习花费的分钟数。

注意：确保在步骤3的练习速度保持在2000个单词每分钟。

实践训练23

材料：小说或传记
　　　计时器
目的：保持快速阅读一本书
预计用时：30~60分钟
目标：保持预定的速度，同时理解材料

本练习可以重复进行。

图示：

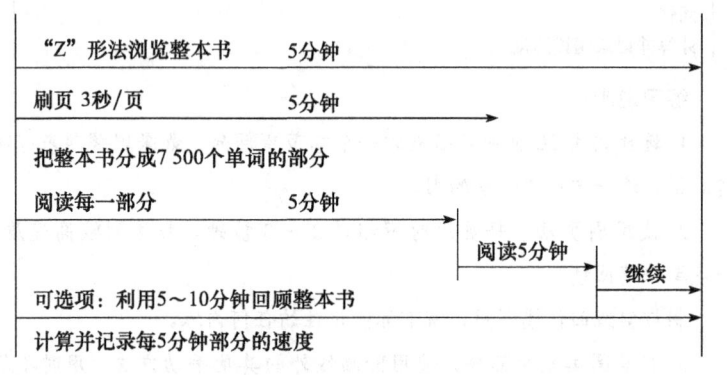

练习说明：

1. 选择小说或传记。选择小说时，使用同一作者的系列小说会有帮助。在阅读之前，有可能的话，按照从短到长或从易到难对所选书目进行排序。

2. 使用"Z"形技巧，5分钟内阅读整本书。

如有任何问题，比如人物太多，停下来制作人物清单，阅读时就很顺畅了。

3. 使用刷页手动法，约3秒/页，在5分钟内阅读尽可能多的内容。

4. 把整本书分成7500个单词的部分，每部分利用5分钟进行阅读。要是使用录音机的话，注意1分钟的间隔，以帮助你控制节奏。

5. 可选项：利用5～10分钟回顾整本书。每天阅读一本新书。如果不能很好地理解，可以像之前练习一样重读。

6. 计算并把每个5分钟的阅读速度记录到进步文件中去。

实践训练 24

材料：日报
　　　计时器
目的：学习更高效地阅读报纸
预计用时：练习中确定时间
目标：每天在相同时间内阅读更多的报纸内容

本练习可以重复进行。

1. 每天利用10分钟、15分钟或20分钟时间阅读报纸，坚持一周。

2. 开始阅读报纸时给自己计时，时间到时停止阅读，后面不要回头翻看。规定在设计时间内读完报纸。

3. 阅读头版，然后是新闻摘要（如果有的话）。如果没有，则快速浏览整张报纸，检查你要阅读哪些文章。用时不超过1分钟。

4. 阅读你选的文章，一栏一栏快速阅读。如果时间很紧，可以只预览文章，然后根据阅读文章体裁调整你的预览（新闻稿或非小说材料）。

5. 记录你的时间以及阅读的报纸内容量。尝试在规定时间内阅读尽可能多的内容，尝试每天阅读更多内容。

实践训练 25

材料：一般性质的非小说书籍
　　　计时器
目的：在较短的时间内阅读非小说书籍
预计用时：30 分钟
目标：对书中的要点获得满意的理解

本练习可以重复进行。

图示：

约100~200页内容的章节或部分	
检查封面封底、目录表	5分钟
预习开头与结尾或主旨所在的部分	10分钟
预习并阅读重点章节	15分钟
反复阅读整本书	15分钟

练习说明：

1. 选择你感兴趣的任何题材的一本书或一本书的一部分，约100~200页内容。理解有问题时，一周内使用同一题材的不同书籍，从最简单的书开始。

2. 检查封面封底以及除正文外能告知有关本书信息的所有部分，包括目录。尝试找出是否有简介与结论性章节以及其他包括关键信息的章节。用时 5 分钟。

3. 利用 10 分钟时间,仔细预习本书中包括主要观点的开头与结尾部分。

4. 预习并阅读你选择阅读的主要章节,或者快速浏览整本书,反复阅读各个章节,用时 15 分钟。

如何保持一定的阅读练习速度

1. 找出书上每页的平均单词量，选中第一栏中最接近的数量（数量居中时，取较低数值）。

2. 移动到你想练习的速度值。

3. 向下移动，找出保持你期望练习速度所需的每页阅读秒数（每页手动次数除以 2；每次手动应在不足 2 秒内完成）。

单词/页								
175	5 250	2 625	1 750	1 313	1 050	875	749	656
200	6 000	3 000	2 000	1 500	1 200	1 000	856	750
225	6 750	3 375	2 250	1 688	1 350	1 125	963	844
250	7 500	3 750	2 500	1 875	1 500	1 250	1 070	938
275	8 250	4 125	2 750	2 063	1 600	1 375	1 177	1 032
300	9 000	4 500	3 000	2 250	1 800	1 500	1 284	1 125
325	9 750	4 875	3 250	2 438	1 950	1 625	1 391	1 219
350	10 500	5 250	3 500	2 625	2 100	1 750	1 498	1 313
375	11 250	5 625	3 750	2 813	2 250	1 875	1 605	1 407
400	12 000	6 000	4 000	3 000	2 400	2 000	1 712	1 500
425	12 750	6 375	4 250	3 188	2 550	2 125	1 819	1 594
450	13 500	6 750	4 500	3 375	2 700	2 250	1 926	1 688
	2	4	6	8	10	12	14	16

秒/页

附录 B

进步文件

进步文件

姓名：_____   课程开始日期：_____

阅读评估

使用书目：_____

测试时间	测试用书章节	阅读速度（每分钟单词量，WPM）	记忆项
期初			
期中			
期终			

练习编号：_____   速度（每分钟单词量）：_____

书目：				
1. _____	3			
2. _____	4			
3. _____	5			
4. _____	6			
5. _____	11			
6. _____	12			
7. _____	15			
8. _____	17			
9. _____	27			
10. _____	36			
	43			
	44			
题目/话题：_____	45	预习 阅读	预习 阅读	预习 阅读

实践训练		记录项	第一天	第二天	第三天	第四天	第五天	第六天
第二周	训练 1	WPM						
	训练 2	WPM						
	训练 3	WPM						
	训练 4	no.par						
第三周	训练 5	WPM						
	训练 6	WPM						
	训练 7	no.par						
	训练 8	WPM						
第四周	训练 9	no.par						
	训练 10	WPM						
	训练 11	WPM						
	训练 12	WPM						
第五周	训练 13	no.par						
	训练 14	WPM						
	训练 15	WPM						
	训练 16	WPM						
	训练 17	WPM						
第六周	训练 18	WPM						
	训练 19	WPM						
	训练 20	WPM						
	训练 21	WPM						
训练续	训练 22	WPM						
	训练 23	WPM						
	训练 24	时间						
	训练 25	no.par						

进步文件

姓名：_____　　　　课程开始日期：_____

阅读评估

使用书目：_____

测试时间	测试用书章节	阅读速度（每分钟单词量，WPM）	记忆项
期初			
期中			
期终			

练习编号：_____　　速度（每分钟单词量）：_____

书目： 1. _____ 2. _____ 3. _____ 4. _____ 5. _____ 6. _____ 7. _____ 8. _____ 9. _____ 10. _____ 题目/话题：_____				
	3			
	4			
	5			
	6			
	11			
	12			
	15			
	17			
	27			
	36			
	43			
	44			
	45	预习	预习	预习
		阅读	阅读	阅读

实践训练		记录项	第一天	第二天	第三天	第四天	第五天	第六天
第二周	训练 1	WPM						
	训练 2	WPM						
	训练 3	WPM						
	训练 4	no.par						
第三周	训练 5	WPM						
	训练 6	WPM						
	训练 7	no.par						
	训练 8	WPM						
第四周	训练 9	no.par						
	训练 10	WPM						
	训练 11	WPM						
	训练 12	WPM						
第五周	训练 13	no.par						
	训练 14	WPM						
	训练 15	WPM						
	训练 16	WPM						
	训练 17	WPM						
第六周	训练 18	WPM						
	训练 19	WPM						
	训练 20	WPM						
	训练 21	WPM						
训练续	训练 22	WPM						
	训练 23	WPM						
	训练 24	时间						
	训练 25	no.par						

进步文件

姓名：_____　　　课程开始日期：_____

阅读评估

使用书目：_____

测试时间	测试用书章节	阅读速度（每分钟单词量，WPM）	记忆项
期初			
期中			
期终			

练习编号：_____　　速度（每分钟单词量）：_____

书目：				
1. _____	3			
2. _____	4			
3. _____	5			
4. _____	6			
5. _____	11			
6. _____	12			
7. _____	15			
8. _____	17			
9. _____	27			
10. _____	36			
题目/话题：_____	43			
	44			
	45	预习	预习	预习
		阅读	阅读	阅读

	实践训练	记录项	第一天	第二天	第三天	第四天	第五天	第六天
第二周	训练 1	WPM						
	训练 2	WPM						
	训练 3	WPM						
	训练 4	no.par						
第三周	训练 5	WPM						
	训练 6	WPM						
	训练 7	no.par						
	训练 8	WPM						
第四周	训练 9	no.par						
	训练 10	WPM						
	训练 11	WPM						
	训练 12	WPM						
第五周	训练 13	no.par						
	训练 14	WPM						
	训练 15	WPM						
	训练 16	WPM						
	训练 17	WPM						
第六周	训练 18	WPM						
	训练 19	WPM						
	训练 20	WPM						
	训练 21	WPM						
训练续	训练 22	WPM						
	训练 23	WPM						
	训练 24	时间						
	训练 25	no.par						

进步文件

姓名：_____　　　　　课程开始日期：_____

阅读评估

使用书目：_____

测试时间	测试用书章节	阅读速度（每分钟单词量，WPM）	记忆项
期初			
期中			
期终			

练习编号：_____　　速度（每分钟单词量）：_____

书目：
1. _____
2. _____
3. _____
4. _____
5. _____
6. _____
7. _____
8. _____
9. _____
10. _____

题目/话题：_____

3			
4			
5			
6			
11			
12			
15			
17			
27			
36			
43			
44			
45	预习	预习	预习
	阅读	阅读	阅读

实践训练	记录项	第一天	第二天	第三天	第四天	第五天	第六天
第二周	训练 1	WPM						
	训练 2	WPM						
	训练 3	WPM						
	训练 4	no.par						
第三周	训练 5	WPM						
	训练 6	WPM						
	训练 7	no.par						
	训练 8	WPM						
第四周	训练 9	no.par						
	训练 10	WPM						
	训练 11	WPM						
	训练 12	WPM						
第五周	训练 13	no.par						
	训练 14	WPM						
	训练 15	WPM						
	训练 16	WPM						
	训练 17	WPM						
第六周	训练 18	WPM						
	训练 19	WPM						
	训练 20	WPM						
	训练 21	WPM						
训练续	训练 22	WPM						
	训练 23	WPM						
	训练 24	时间						
	训练 25	no.par						

进步文件

姓名：_____ 　　课程开始日期：_____

阅读评估

使用书目：_____

测试时间	测试用书章节	阅读速度（每分钟单词量，WPM）	记忆项
期初			
期中			
期终			

练习编号：_____　　速度（每分钟单词量）：_____

书目：				
1._____	3			
2._____	4			
3._____	5			
4._____	6			
5._____	11			
6._____	12			
7._____	15			
8._____	17			
9._____	27			
10._____	36			
题目/话题：_____	43			
	44			
	45	预习	预习	预习
		阅读	阅读	阅读

	实践训练	记录项	第一天	第二天	第三天	第四天	第五天	第六天
第二周	训练 1	WPM						
	训练 2	WPM						
	训练 3	WPM						
	训练 4	no.par						
第三周	训练 5	WPM						
	训练 6	WPM						
	训练 7	no.par						
	训练 8	WPM						
第四周	训练 9	no.par						
	训练 10	WPM						
	训练 11	WPM						
	训练 12	WPM						
第五周	训练 13	no.par						
	训练 14	WPM						
	训练 15	WPM						
	训练 16	WPM						
	训练 17	WPM						
第六周	训练 18	WPM						
	训练 19	WPM						
	训练 20	WPM						
	训练 21	WPM						
训练续	训练 22	WPM						
	训练 23	WPM						
	训练 24	时间						
	训练 25	no.par						